中国图书馆分类法
期刊分类表
（第三版）

国家图书馆《中国图书馆分类法》编辑委员会编

本版修订负责人：卜书庆
修订成员（按姓氏拼音字顺排）：
　　曹　迁　崔明明　郝嘉树　刘华梅
　　杨　静　喻　菲
审定：中国图书馆分类法编辑委员会第七届委员会
总审：张　涵

国家圖書館出版社

图书在版编目（CIP）数据

中国图书馆分类法·期刊分类表：第三版/国家图书馆《中国图书馆分类法》编辑委员会编. —北京：国家图书馆出版社，2012.8

ISBN 978-7-5013-4817-6

Ⅰ.①中… Ⅱ.①国… Ⅲ.①《中国图书馆分类法》—期刊—分类表 Ⅳ.①G255.2

中国版本图书馆 CIP 数据核字（2012）第 157161 号

责任编辑：金丽萍

书名	中国图书馆分类法·期刊分类表（第三版）
著者	国家图书馆《中国图书馆分类法》编辑委员会编
出版	国家图书馆出版社（原北京图书馆出版社）
	（100034 北京市西城区文津街 7 号）
发行	010-66139745　66151313　66175620　66126153
	66174391（传真）　　66126156（门市部）
E-mail	btsfxb@nlc.gov.cn（邮购）
Website	www.nlcpress.com→投稿中心
经销	新华书店
印刷	北京亚通印刷有限责任公司
开本	880×1230（毫米）　1/32
印张	4.375
版次	2012 年 8 月第 1 版　2013 年 4 月第 2 次印刷
字数	110 千字
书号	ISBN 978-7-5013-4817-6
定价	36.00 元

《中图法》编委会第七届委员会名单

目　次

基 本 大 类

A　马克思主义、列宁主义、毛泽东思想、邓小平理论

B　哲学、宗教

C　社会科学总论

D　政治、法律

E　军事

F　经济

G　文化、科学、教育、体育

H　语言、文字

I　文学

J　艺术

K　历史、地理

N　自然科学总论

O　数理科学和化学

P　天文学、地球科学

Q　生物科学

R　医药、卫生

S　农业科学

T　工业技术

U　交通运输

V　　航空、航天

X　　环境科学、安全科学

Z　　综合性连续出版物

第一版编制说明

一、本表是在《中国图书馆图书分类法》(以下简称《中图法》)体系结构的基础上,结合中外文期刊的出版情况编制的。对于分类深度,鉴于各科期刊的内容范围比较概括,因此在社会科学门类下,一般分到二、三级;在自然科学门类下,一般分到三、四级。

二、分类体系和类目设置,主要按《中图法》序列,同时有个别类目结合期刊的综合性特点和实际情况,作了一些调整,以适应期刊分类的需求。主要是:

1. 有个别类目,作了一些合并,或对类名作了订正。

如:

(1)科学的"理论"类目(主要是社会科学门类),除容纳理论性刊物外,还包括有关科学的综合性刊物。

(2)"婚姻法"并入"D913 民法与民事"。

(3)"图书宣传、评论"并入"G256 图书学、文献学"。

(4)中国文学的一体文学作品和评论研究,均分别并入 I22/29 各种文体。

(5)各种具体矿床的地质、勘探,并入 TD8 各种矿产。

(6)"中草药"采用交替类,分入中医 R29

2. 下列两个类,作了个别改动:

(1)"E 军事"类的"各军种兵种",在"军事"大类下,单独编为一类,因为这方面的刊物所收的文献,多是涉及各个国家的和军事技术的论述。因而单独编类,再按军种分。

（2）"Z 综合性图书"类的类目设置，作了一些调整。

三、在社会科学门类下，涉及地区、国家分类的类目，一般简分到"地区"（如：亚洲、欧洲、美洲等），不再细分到国家。有的类目涉及国家的刊物较多，在类目中注明了"以下各地区，如需要按国家细分时，可依世界地区表分"。各馆可根据馆藏期刊的具体情况，使用复分。

四、由于一、二级类目的综合性期刊过多，为了解决按形式进一步区分问题，编列了"形式复分表"（见附表一），各馆可根据需要斟酌使用。

五、这个分类表是在北京图书馆期刊组、福建省图书馆期刊组和湖南省科技情报所罗斯静同志所提的期刊分类草案的基础上，综合整理的。在整理过程中，用中国图书进出口公司编的《外国报刊目录》、北京图书馆和中国科技情报研究所的期刊目录进行了试分。本表所列类目，可能有不妥或错误之处，请给予指正。

中国图书馆图书分类法编辑委员会

1985 年 4 月

第三版编制及使用说明

　　《中国图书馆分类法·期刊分类表》(以下简称《期刊表》)于 1987 年出版以来,受到了全国图书情报单位的普遍欢迎,并被多数图书情报单位所采用,对我国期刊分类工作的规范化、标准化起到重要的作用。1993 年,《中图法》编委会根据《中图法》(第三版)修订推出了《期刊表》第二版,兼具报纸的分类管理和检索利用的功能,曾在中外文报刊排架、检索和管理利用等方面起到了重要作用。1999 年,《中图法》第四版出版,但《期刊表》未能同步修订出版,导致很多用户不得不转向使用《中图法》第四版详版或简本类分期刊,给用户制定"使用本"带来不少困难。2010 年,《中图法》第五版出版后,为满足广大用户的需求,《中图法》编委会决定对《期刊表》(第二版)进行修订。

　　根据《中图法》编委会工作计划安排,《期刊表》修订工作由《中图法》编委会办公室负责,并联合国家图书馆中外文期刊组、ISSN 组的相关人员组成修订团队,于 2010 年正式启动。由于跨版修订,所以只能依据中外文期刊使用《中图法》第四版标引频率情况,调查比较《期刊表》类目的容纳性和适用性,兼顾近年来报刊文献形式和内容特征,确定了以下修订原则和指导思想。

一、指导思想和修订原则

　　1. 维持《期刊表》原编体系,尽量与《中图法》第五版的体系结构、标记符号保持一致。

本版的修订既要以《中图法》第五版为基础,又要考虑到报刊分类需求,适当调整原编体系与五版体系差距较大的类目体系。照顾很多用户由于空版已转向使用《中图法》第四版的实际情况,保障用户平稳过渡到《期刊表》新版。

2. 满足期刊内容综合性强与形式特殊的个性化需求。

期刊内容广泛,同一种刊具有跨学科、多专业、多主题的内容特点。本版修订力求反映期刊分类特点,适当调整第五版的类目结构及其设置,对《期刊表》第二版作进一步充实、完善和提高,使其能适应当前及今后一个时期期刊分类工作的需要。

3. 文献保障原则。

期刊的种数远少于图书等其他资料。鉴于国家图书馆具有期刊刊号(ISSN)审批及收藏征缴国内出版的所有期刊的职能,因此,国家图书馆中外文期刊分类使用频率成为《期刊表》增、删、改类目的文献保障依据。

4. 功能兼顾原则。

本次修订以反映期刊分类功能为主,兼顾报纸分类功能。适应期刊分类排架、开架管理、浏览和检索的需要,以报刊文献内容的学科属性作为类目主要划分标准,同时辅以报刊文献的形式、出版类型、读者对象等其他属性,完整、全面地揭示报刊文献的内涵和特点,最大限度地满足读者开架阅览和分类检索的需要。同时考虑到报纸的分类管理和检索利用问题,要求修订后的类表兼具类分报纸的职能。

二、修订工作进程

1. 修订准备阶段(2008 年 2 月—2009 年 6 月)

1999 年《中图法》第四版出版后,《期刊表》没有相应地修订换版,有些图书馆使用《中图法》第四版类分期刊文献。因此,需要以使用《中图法》第四版的期刊分类状况作为调研对象,编委会办公室首先针对《中图法》第四版修订情况(类目增、删、改情况),对《期刊表》第二版类目进行比较、修改、建库,形成以第四版为基础的期刊表调研本和"期刊分类表维护修订系统"。随着《中图法》第五版修订建库,编委会办公室又针对第四版为基础的期刊表修订,形成与第四版并存的第五版的基础版。

2. 调研阶段(2010 年 2 月—4 月)

国家图书馆馆藏中外文期刊较全,各约 5 万余种,现刊各约 1 万余种,大多使用《中图法》第四版进行分类标引。因此,《中图法》编委会办公室联合国家图书馆中文采编部期刊组、ISSN 组、外文采编部期刊组,根据馆藏期刊文献分类数据统计,调研国家图书馆馆藏期刊使用《中图法》第四版标引的各类使用频率,形成"期刊类号频次总统计表"、"中外文期刊高频率类目表",以此为基础,形成"高频率类目扩细规则",作为《期刊表》第二版修订调整类目的依据。

3. 分工修订阶段(2010 年 5 月—10 月)

根据"期刊类号频次总统计表"、"中外文期刊高频率类目表"、"高低频率类目扩细及修改规则",以及近年来期刊出版形式及特点,按类分工修订,对高频或低频类目进行重点分析,增、删、改类目以及增补注释的方法则参考《中图法》第五版的修订方法。

4. 集中审核与建设新版数据库阶段(2010 年 10 月—2011 年 9 月)

集中审核阶段,重点考虑《期刊表》原编体系与《中图法》第五版体系不一致的体系修改,包括原版根据报刊形式特点增补的类目;重点考虑《中图法》第五版重点修订的大类与《期刊表》类目保持一致的修订,突出期刊特色;重点考虑新增报刊的内容及形式特点,确定增、删、改类目,调整设类过细或无文献保障的类。交替类目选择设置,以便解决期刊跨学科主题的分类问题;根据机读数据格式重点修订《期刊表》第二版类目结构和规范形式;利用"《期刊表》修订系统"完善参照系统、注释结构。

5. 试用、征求意见阶段(2011 年 10 月—12 月)

最后由软件系统批生成《期刊表》第三版机读排版数据,印刷形成征求意见本,向全体委员和全国重点单位用户征求意见并试用,共寄发《期刊表》第三版 50 份,征求意见。

6. 综合审定阶段(2011 年 12 月—2012 年 4 月)

2011 年 12 月在沈阳召开《中图法》编委会全体委员审定会议,会议对提交的一些重大问题讨论并审定,一致同意正式出版,并提出完善修改意见。针对审定会议意见及反馈意见,《中图法》编委会对《期刊表》进行出版前的综合审定和修订。

三、修订重点及特色

针对《期刊表》的使用特点,结合《中图法》第四版和第五版,简化通用复分表,减少专类复分、仿分,对全表进行修订,修订后的类表各级类目共有近 2000 个,一般列类到三级、四级,个别类为五级。其中主表类目 1500 多个,附表类目 460 多个,约一半以上的类有类目注释,交替类目 79 个。

本次修订未列沿革注释,由于《期刊表》第二版是在《中图法》第三版基础上修订的,而此次又是在《中图法》第四版、第五版基础上修订的,用户既有使用《中图法》第四版类分期刊的,又有使用《期刊表》第二版的,这样沿革注释势必会比较复杂,故此省略沿革注释。为照顾各单位使用,通过本部分和第四部分说明该版主要修订内容和分类要点。

1. 根据《中图法》第四版和第五版对《期刊表》第二版类目进行了增补、删改、订正和调整

(1)通过增加新主题类目、扩充下位类等方式新增类目 450 多个。

(2)对无文献保障或过时或列类不当的类目进行了删除,共删除类目 230 多个。

(3)为保持与《中图法》第五版体例一致,修改类名、类号约 160 多个类,调整类目体系、改变类目性质约 23 个类。

(4)为明确类目使用方法或扩充类目使用范围,共增补、修改类目注释约 291 条。

2. 确定了特别处理的大类、重点修订大类和局部调整大类

(1)对 A 大类进行了特别处理,规定可采用选择使用法。若不愿集

中 A 大类文献,可按文献性质及学科内容分散处理。

(2)D 类、F 类、G 类、R 类、S 类为此次重点修订大类。其中,F 类增删改类目数量最多,新增类目 45 个,删除类目 33 个,修改类名 7 个,调整类目体系 13 处,增补注释 15 条;G 类新增类目 54 个,删除类目 7 个,修改类名 11 个,增补注释 27 条;R 类新增类目 20 个,删除类目 5 个左右,修改类名 9 个,增补注释 31 条;S 类新增类目 12 个,删除类目 23 个,修改类名 18 个,增补注释 27 条,D 类新增类目 40 个,删除类目 3 个,修改类名 10 个,增补注释 16 条。

(3)对 E 类、F 类等进行了局部体系结构调整,为与《中图法》第五版体系保持一致,如将原 E33/E37 各国军事调整为 E3/E7,原 E4 军事后勤、E5 各军兵种、E7 军事教育、军事训练、E89 军事史分别调到 E1、E2 相应类下;将原 F311/F317 世界各国农业经济概况调整为 F31/F37,原 F32/F38 农业各部门经济集中到 F316 有关各类;将原 F411/F417 世界各国工业经济概况调整为 F41/F47,原 F421/F485 工业各部门经济集中到 F416 有关各类。

3. 对类目、注释进行规范化处理

完善类目参见注释,补充类目反向参照。首先区分"参见"和"见注";其次补充需要建立反向参照的注释,修改盲参照的参见注释。

(1)所有注释按类型分段显示,规范了总论、专论注释说明。

(2)增加了说明款目(指示性类目),明确类目的使用方法,如"D73/77 各国政治"、"E3/7 各国军事"等。

(3)保持和《中图法》的一致性,将法律二表原类号 D(9)统一改用 DF,并与 D9 同步修订。

4. 调整、新增交替类目。

共计 21 个,其中,新增 9 个,如 E27 各种武装力量(各军、兵种),F129 中国经济史,D669 社会生活、社会问题、社会保障、社会工作,N019 法令、法规及其阐述等;删除 2 个,如 G769 犯罪青少年教育、工读学校,R179 儿童、少年卫生;从使用类改为交替类 5 个,如 TE99 石油、天然气工业环境保护与综合利用,TF09 三废处理与综合利用;从交替类改为使用类 5 个，如 C913.5 青年生活及问题，Q91 古生物学，TJ86 航天武器（太空武器）等。

5. 对附表相应补充新主题，增设新类目，或增加注释或修改类名以明确类目含义

此次修订，附表新增类目 70 个，修改类名 25 个，增补注释 42 条。如在"总论复分表"中新增"-79 非纸刊物、视听刊物"及相应下位类；在"世界地区表"新增 63 个类目，如"19 按语种、人种、宗教、集团区分的地区"，"198 古代地区"，"8 外太空"，"555.2 黑山共和国"等；对"中国地区表"明确了使用说明，增补注释。

四、各大类具体修订及使用要点

A 类：修改类名为"A 马克思主义、列宁主义、毛泽东思想、邓小平理论"，与《中图法》第五版保持一致。推荐选择使用法，规定若不集中 A 大类文献，可按文献性质及学科内容分散处理。例如：

《马克思主义在当代》若不集中入 A，可归入 D0-0；

《毛泽东思想论坛》若不集中入 A，可归入 D610。

B 类

1. 修订要点

（1）新增类目 5 个，如 B842 心理过程与心理状态、B844 发展心理学（人类心理学）、B849 应用心理学、B95 道教、B976 宗派。

（2）修改类名 2 个，如"B 哲学"改为"B 哲学、宗教"，"B92 宗教理论"改为"B92 宗教理论与概况"。

（3）增补修改注释有 6 处，如 B82 伦理学（道德哲学）、B84 心理学、B97 基督教、B98 其他宗派等。

2. 分类要点

（1）B0 哲学理论包括其专题研究，如认识论、价值论、意识论等；哲学流派的综合研究，如唯心主义、经验批判主义（马赫主义）等哲学流派

的综合研究。

（2）B1/7 世界及各国哲学。包括各国哲学研究和哲学史、哲学流派、哲学人物述评。如：

《孔子研究》入 B22；

《美国哲学动态》入 B7。

（3）B80/84 哲学范畴的各专门学科，包括思维科学、逻辑学、伦理学、美学和心理学。B9 宗教，包括对宗教的分析和研究、宗教理论与概况、神话与原始宗教、世界各宗教、术数、迷信。专论某学科领域的逻辑学、伦理学、美学和心理学，以及宗教文学、宗教艺术、宗教建筑、各国宗教管理事务等各入有关学科。如：

《心理辅导》入 B849；

《青年心理咨询》入 B844；

《医学心理指导》入 R395；

《金陵神学志》入 B97；

《少林禅苑》入 B94；

《西藏民族宗教事务》入 D635。

C 类

1. 修订要点

（1）新增类目 20 多个，如 C05 与其他学科的关系，C18 专利与发明创造，C6 社会科学画报，C79 非纸质刊物、视听刊物，C913.1 恋爱、家庭、婚姻，C913.7 贫困与社会福利、社会救济、社会保障，C933 领导学，C95 民族学、文化人类学，C97 劳动科学等。

（2）修改类名 8 个，如"C912 民族学"改为"C912 社会结构和社会关系"，"C911 社会结构与社会关系"改为"C911 社会发展和变迁"，"C913.6 老年学"改为"C913.6 中、老年人生活及问题"，"C94 系统论（系统学、系统工程）"改为"C94 系统科学"等。

（3）改变类目性质 3 个，如"C913.5 青年生活及问题"、"C913.59 少年儿童生活及问题"两个类从交替类改为了使用类；"C911 社会结构与社会生活"改类名为"C911 社会发展和变迁"并从使用类改为了交替类。

(4)删除类目 1 个，如"C931.4 文书工作"，改入到上位类"C931 管理技术与方法"。增补修改注释 3 处，如 C1 社会科学概况、现状、进展，C913 社会生活、社会问题、社会保障，C93 管理学。

2. 分类要点

(1)C0/79 包括社会科学共性问题或内容涉及全部或多个社会科学学科的刊物，包括兼收哲学与社会科学的总论性刊物。凡属于社会科学或人文科学领域中的某一专门学科，包括专论哲学的刊物入有关各类。如：

《北京师范大学学报（人文社会科学版）》入 C031；

《北京大学学报（哲学社会科学版）》入 C031；

《学术情报》入 C1；

《中国图书馆学报》入 G25-03。

(2)C8/97 为具有社会科学属性的综合性学科类目，包括统计学、社会学、人口学、管理学、民族学及文化人类学、人才学、劳动科学等。如：

《现代家庭》入 C913.1；

《人在旅途（爱情文摘）》入 C913.1；

《青少年犯罪研究通讯》入 C913.5；

《谋略》入 C934；

《民族纵横》入 C95；

《中国统计月报》入 C83；

《干部人事月报》入 D630。

D 类

1. 修订要点

(1)新增类目 40 个，如 D01 阶级、阶层理论，D22 党的组织、会议及其文献，D412 中国工人运动与组织，D624 地方各级人民代表大会，

D630.8 公共安全管理，D912.3 土地法、房地产法，D917 犯罪学，D926 司法制度等。

（2）删除类目 3 个，如 D5/7 世界各国政治与社会研究，D925.8 台湾省法律，D926.58 香港、澳门法律。

（3）为保持与《中图法》体例一致，修改类名 10 个，如"D0 政治理论"改为"D0 政治学、政治理论"，"D20 党的建设"改为"D20 建党理论"，"D26 支部生活"改为"D26 党的建设"，"D630 国家机关工作与干部工作"改为"D630 国家机关工作与人力资源管理"，"D912.2 经济法、财政法"改为"D912.2 财政法"等。

（4）增补、修改注释 16 处，如 D 政治、法律，D4 工人、农民、青年、妇女运动与组织，D630.9 监察、监督，D633 民族事务，D911 国家法、宪法，D912.1 行政法，D913 民法等。

（5）DF 类与 D9 类相同内容同步修订，如新增类目：DF438 金融法，DF45 土地法、房地产法，DF47 劳动法、社会保障法，DF49 传媒法、信息法等。

2. 分类要点

本类内容范围涉及阶级、阶层、种族、民族、政党、政治团体、国家、社会政治、国际关系、司法等各种问题。

（1）D0 包括科学社会主义、阶级、阶层、种族、民族、政党、政治团体、国家、社会政治等主题的政治理论，以及公共行政、公共政策等。D1/3 包括国际共产主义运动以及各国共产党的活动、历史、建设理论等。D4 包括世界各国工人、农民、青少年、妇女的综合研究以及组织活动等问题。如：

《科学社会主义研究》入 D0-0；

《国外政治学》入 D0；

《红旗画刊》（求是杂志社）入 D20-66；

《中国党政干部论坛》入 D261，互见 D61；

《公安理论与实践》入 D03；

《成都市委党校学报（哲学社会科学版）》入 C031；

《江西妇运》入 D442；

《少先队员》入 D439。

(2)D5/7 世界和各国政治，可按国区分，包括世界政治与时事、国际形势、各国政治制度、国家机构及行政管理、社会政治团体等。D8 包括国际关系理论、国际问题研究、国际事务、国际组织、联合国、国际关系、各国外交等。如：

《中国特色社会主义研究》入 D610；

《今日朝鲜》入 D731.25；

《政党与当代世界》入 D5，互见 D05；

《长春市政公报》入 D673.4；

《广东省人民代表大会常务委员会公报》入 D624；

《东欧中亚问题译丛》入 D751，互见 D736；

《国际问题研究》入 D81；

《世界卫生组织月报》入 D81，互见 R-2。

(3)D9 法律第一分类体系，包括法学理论、法学各部门，各国法律、法制总论及其评论研究。DF 法律第二分类体系同样包括法学理论、世界各国法律(总论)、法学各部门(法律类型)，不同于第一分类体系，各类型法律不先依国区分，满足法律专业单位选用。如：

《外国法译评》入 D91；DF1；

《特区法坛》入 D927；DF12；

《北京律师》入 D926；DF8；

《监狱理论与实践》D916；DF8。

E类

1. 修订要点

(1)新增类目 9 个，如 E15 各种武装力量(各军、兵种)，E19 军事史(战史、建军史)，E22 政治工作，E23 后方勤务，E24 军事装备工作，E25 国防建设与战备，[E27]各种武装力量(各军、兵种)，[E29]军事史(战史、建军史)，E94 军事指挥信息系统。

（2）调整类目体系，将原 E33/E37 各国军事调整为 E3/E7，原 E4 军事后勤、E5 各军兵种、E7 军事教育、军事训练、E89 军事史分别入到 E1、E2 相应类下。修改类名 1 个，如"E8 战略、战役、战术"改为"E8 战略学、战役学、战术学"。增补、修改注释 5 处，如 E1 世界军事，E8 战略学、战役学、战术学，E92 武器、军用器材，E95 军事工程，E96 军事通信。

2. 分类要点

E0 包括一般军事理论、战争理论、军事哲学、军事相关科学、军事分支学科、各军兵种建设理论，以及军事学史、军事思想史等方面的刊物。E1/7 包括世界各国军事与国防建设、军事制度、军事组织与活动、军事装备工作、后方勤务、作战指挥等。世界各国各种武装力量（各军、兵种）均集中归入 E15，世界各国军事史、战史均集中归入 E19，军事学术史、军事思想史研究入 E09。E8/99 包括军事战略战术、军事技术、军事地形。如：

《军事史林》入 E09；

《中国军事科学》入 E0；

《民兵建设》入 E15；《中国空军》入 E15；《当代海军》入 E15；

《中国军法》入 E2；

《外军装备与技术》入 E1；

《现代轻武器》入 E92；

《军事通信技术》入 E96。

F 类

1. 修订要点

（1）新增类目 45 个，如 F116 国际经济组织与会议，F127 地方经济，F26 产业经济，F273 企业生产管理，F416 工业部门经济，F49 信息产业经济，F592 中国旅游业，F63 世界各国邮电通信经济，F71 国内贸易，F762 农产品，F768 轻工业产品，F812 中国财政，F832 中国金融、银行等。

（2）删除类目 33 个，如 F09 经济思想史，F125.8 台湾省经济，F289 国土管理，F322 园艺作物，F423 石油、天然气工业，F471 纺织、染整工业,F475 皮革工业,F478 服装工业、制鞋工业,F710 贸易经济理论,F713.8 广告宣传,F80 财政金融理论等。

(3)调整类目体系,将原 F311/F317 世界各国农业经济概况调整为 F31/F37,原 F32/F38 农业各部门经济分别入 F316 有关各类。将原 F411/F417 世界各国工业经济概况调整为 F41/F47,原 F421/F485 工业各部门经济分别入 F416 有关各类。

(4)修改类名 7 个,如"F2 经济计划与管理"改为"F2 经济管理","F29 城市与市政经济"改为"F29 城市经济","F6 邮电经济"改为"F6 邮电通信经济","F719 服务业"改为"F719 商业服务业","F723 商品流通与市场"改为"F723 市场"等。

(5)增补、修改注释 15 处,如 F0 经济理论,F12 中国经济,F24 劳动经济,F27 企业经济,F30 农业经济理论,F59 旅游经济,F62 电信、F76 商品学等。

2. 分类要点

(1)F0 包括政治经济学、西方经济学、经济学基本理论、各种生产方式、对各经济学派的研究、各国各时代经济思想史等。兼论政治理论与经济理论的刊物入 D0。如:

《南开大学学报(经济科学版)》入 F0-031;

《信息经济学》入 F06;

《科技与经济画报》入 F06-66;

《经济学情报》入 F0-1;

《生产力研究》入 F0。

(2)F1 包括世界各国经济概况、经济史、经济地理、经济关系、经济调查与统计、经济评论、经济问题、经济组织与会议、人民经济生活状况、全球经济。世界各国各部门经济入 F2/8 有关各类。如:

《中国区域经济:中国区域科学协会会刊》入 F127;

《世界经济导刊》入 F11;

《世界经济与政治》入 D5,互见 F11;

《中外第三产业》入 F26;

《瞭望》入 D5,互见 F11。

(3)F2 包括国民经济管理、行业管理、工商行政管理、国有资产监督管理,资源、能源、环境和生态管理,涉外经济管理、会计与经济统计等理论与方法,各国概况入 F1。F2 还包括世界各国审计、劳动经济(人力资源管理)、物流经济、产业经济、企业经济、城市经济和房地产经济等。如:

《环球供应链》入 F259;

《台港澳及海外劳动经济与人力资源管理》入 F249;

《中国内部审计》入 F239;

《中国注册会计师》入 F23;

《工商行政管理研究》入 F20;

《企业家天地》入 F272。

(4)F3/8 部门经济,包括了农业经济、工业经济、信息产业经济、交通运输经济、旅游经济、邮电通信经济、贸易经济、财政和金融、保险等各不同经济活动领域的理论、各国概况,以及所属的部门经济、部门企业、部门服务业。如:

《中外企业文化》入 F272;

《餐饮文化》入 TS971;

《房地产业导刊(信息版)》入 F299-1;

《农村财务会计》入 F23,互见 F30;

《粮食经济》入 F316.1;

《中国纺织经济》入 F416.8;

《中国经贸画报》入 F752-66;

《财政与税务》入 F81。

G 类

1. 修订要点

(1)新增类目 54 个,如 G125 对外文化交流,G209 传播业,G219 世界各国新闻业,G232 编辑工作,G250 图书馆学、情报学,G258 各类型图书馆、信息机构,G262 藏品的采集、征集、鉴定,G424 教学法和教学组织,G623.58 计算机,G637 学校管理,G641 思想政治教育、德育,G643 研究生教育,G726 职工教育,G841 篮球,G89 文娱性体育活动等。

(2)删除类目 9 个,如 G35 信息学(情报学)、信息工作(情报工作),G357 文献复制方法与设备,G5 世界及各国教育事业,G6 各级教育,G7 各类教育,[G769]犯罪青少年教育、工读学校,G894 集邮。

(3)修改类名 11 个,如"G21 新闻学、新闻工作"改为"G21 新闻业","G25 图书馆学、图书馆工作"改为"G25 图书馆事业、信息事业","G623.2 语文"改为"G623.2 汉语语文","G65 师范教育"改为"师范教育、教师教育"等。

(4)增补、修改注释 27 处,如 G12 中国文化事业,G22 广播、电视业,G31 科研工作,G46 教育行政,G64 高等教育,G76 特殊教育,G77 社会教育,G898 游戏等。

2. 分类要点

该类为一般所说的文教事业,包括了与文化、信息传播相关的新闻、广播、出版、图书馆、博物馆、档案馆、展览馆以及科学、教育、体育等满足人们精神需求及求知需求的各类文化活动。

(1)G0/1 包括文化理论、世界各国文化与文化事业以及文教事业,涉及文化研究、文化比较、文化专题研究、文化工作、文化产业、文化市场、文化遗产保护、非物质文化遗产研究、网络文化、文化事业史等。如:

《中西文化研究》入 G0;

《文化遗产》入 G11;

《对外文化交流通讯》入 G125;

《西域文化》入 G127。

(2)G2 为信息与知识传播业,G20 收信息论、信息学、信息技术、信息管理、信息安全、信息政策、信息化建设等总论性内容的刊物,G206 收传播理论、传播学、传播媒介、大众传播、组织传播、网络传播等内容的刊物。G21/27 收新闻、广播、出版、图书馆、博物馆、档案馆、展览馆、文化宫、歌舞厅等各传播媒介及文化娱乐场所的活动、业务工作、理论研究等方面的刊物。如：

《大众传媒》入 G206；《网络传播》入 G206；

《信息化》入 G20；

《对外报道业务》入 G212；

《中华小记者》入 G214；

《新视听》入 G22；

《视听界·广播电视技术》入 TN93；

《期刊编辑研究》入 G232；

《农村俱乐部》入 G24；

《竞争情报》入 G250.2，互见 F713.5。

(3)G3/8 为科学研究工作、教育事业、体育事业。G3 包括科学学、知识学、未来学、创造学以及专利与技术标准的编制理论、制度管理，世界各国科研工作组织与管理、科学研究机构的工作组织、科研管理、科研基金、工作概况、合作交流、会议协定、政策条例等。G4 包括教育理论、世界各国各级各类教育概况、教学研究、教师与学生、学校管理、教育史、校史，幼儿园、中小学等初等中等各科教学法及教学辅导等。G8 收各项体育运动的理论方法、世界及各国体育运动、运动会以及体育组织与活动、体育史、体育专业教育，各专项运动的运动员、教练员、裁判员的选拔、培养、训练。如：

《科学学与科学技术管理》入 G31；

《中国发明与专利》入 G30；

《福建教育(中等教育版)》入 G63；

《教书育人(校长参考)》入 G47；

《函授教学(历史版)》入 G72，互见 K-4；

《中小学外语教改通讯》入 G633.4；

《健美风采》入 G83；

《第一健身俱乐部》入 G81；

《体育世界(蓝圈)》入 G841。

H 类

1. 修订要点

新增类目 1 个,如 H319 英语教学。删除类目 5 个,如 H102 汉语规范化、普通话,H11 语音,H12 文字,H14 语法、修辞,H17 方言。增补、修改注释 5 处,如 H0 语言学,H1 汉语,H19 汉语教学,H6 南亚、南印、南岛等语系,H7 印欧语系。

2. 分类要点

本类包括语言学、比较语言学、语言文字学、词汇学、语法学、写作修辞学、方言、翻译学、应用语言学、语文教学研究等。专论某一种语言或文字的刊物入 H1/9 有关各类。H1/3 为汉语、中国少数民族语言以及常用外国语言。H4/7 为各语系及其隶属的语言,H81/84 序列非洲、美洲、大洋洲诸语言,H9 为国际辅助语。中小学语文教学、教学辅导、学习参考等入 G61/63 有关各类。如:

《中国科技翻译》入 H0;

《咬文嚼字》入 H1;

《满语研究》入 H2;

《外国语文》入 H3;

《英语通(高考学生版)》入 G633.4。

I 类:

1. 修订要点

新增类目 5 个,如 I218 地方作品综合集,I247 小说当代作品,I247.8 故事、微型小说,I277 民间文学当代作品,I287 儿童文学当代作品。增补、修改注释 6 处,如 I206 文学评论和研究,I21 文学作品,I22 诗歌,I26 散文、杂文,I27 民间文学,I29 少数民族文学。

2. 分类要点

本类包括文学理论(文学理论的基本问题、文学创作、文学评论、文学史、文艺工作者)和文学作品两大部分。文学作品均先按著者所属国家分,之下再以文学体裁集中。以中国文学为例,中国文学作品评论与研究以及专论某一文学家或总论海外华人文学的评论和研究入 I206,I21 集各体文学作品,包括鲁迅著作及研究、各时代作品集及兼论的刊物。某一地区的多种文体作品综合性刊物入 I218,一体文学作品与评论研究的刊物入 I22/29。世界各国文学分类同理。如:

《文艺思想动态》入 I0;

《鲁迅学刊》入 I21;

《外国文学评论》入 I106;

《译林》入 I11;

《崛起短小说》入 I247.8;

《台港澳与海外华文文学》入 I218;

《大众文艺》入 I219;

《儿童故事画报》入 I287-66;

《俄罗斯文艺》入 I512。

J 类:

1. 修订要点

(1)新增类目 8 个,如 J2-39 电子绘画技术,J27 各种用途画,J41 各种摄影艺术,J51 图案设计,J52 各种工艺美术,J91 电影、电视艺术与技术,J93 电影、电视拍摄艺术与技术,J95 各种电影、电视。

(2)删除类目 3 个,如 J11/17 世界各国艺术,J63 戏剧音乐,J98 幻灯片。修改类名或类号 8 个,如"J19 宗教艺术"改为"J19 专题艺术与现代边缘艺术","J25 素描"改为"J25 素描、速写","J65 舞蹈音乐"改为"J65 舞蹈音乐、戏剧音乐","J67 器乐"改为"J62 器乐","J62 歌曲"改为"J64 声乐、歌曲","J92 电影、电视评论"改为"J90 电影、电视评论"等。

(3)增补、修改注释 8 处,如 J0 艺术理论,J4 摄影艺术,J60 音乐理论,J7 舞蹈,J8 戏剧、曲艺、杂技艺术等。

2. 分类要点

本类包括艺术理论、世界各国艺术概况、专题艺术、造型艺术(绘画、书法、篆刻、雕塑、摄影艺术、工艺美术)、表演艺术(音乐、舞蹈、话剧,曲艺,歌舞剧、杂技,魔术等)、电影与电视艺术。建筑艺术、美术考古等归入 TU、K 有关各类。J19/9 各种专题或形式的艺术类下,大体包罗专门艺术理论、艺术技法和中外艺术作品及其评论。如:

《美术史论》入 J0;

《世界美术》入 J11;

《电漫》入 J277;

《青少年书法(少年版)》入 J29;

《今日人像》入 J41;

《艺术与设计(产品设计)》入 J52,互见 TB47;

《戏剧·戏曲研究》入 J8;

《解放军歌曲》入 J64;

《北影画报》入 J90-66。

K 类:

1. 修订要点

(1)新增类目 13 个,如 K20 通史,K292 华北地区,K82 中国人物传记,K88 各国文物考古,K892 中国风俗习惯,K928 专类地理等。

(2)删除类目 13 个,如 K11 上古史,K18 民族史,K24 中古史,K86 世界文物考古,K883/K887 世界各国文物考古等。

(3)修改类名 3 个,如"K25 近代史"改为"K25 近代史:1840~1919年","K27 现代史"改为"K27 中华人民共和国时期(1949~)","K91/97 地理游记"改为"K9 地理"。

(4)增补、修改注释 5 处,如 K0 史学理论,K81 传记,K87 中国文物考古,K89 民俗(风俗习惯),K92 中国地理。

2. 分类要点

本类包括历史和地理两门科学。历史类仅收人类社会发展史和与之有关的专门学科——人物传记、文物考古、风俗习惯等,专史、专志入有关各类。人类社会发展史类包括史学研究、历史教学、历史研究、史料学等史学理论,世界各国各时代史、文化史、地方史、民族史等。如:

《中国史学史参考资料》入 K0;

《古代文明》入 K1;

《东北史地》入 K293;

《兵团史志》入 E2;

《环球人物》入 K81;

《河洛春秋》入 K87;

《西部民俗》入 K892。

本类地理学仅收人文地理学方面的刊物,主要包括历史地理学、文化地理学、政治地理学、旅游地理等,自然地理、经济地理等入 P9、F119.9 有关各类。如:

《西藏人文地理》入 K92;

《地理学报》入 K9-03;

《世界遗产》入 K91;

《中国旅游画刊》入 K928.9-66;

《经济地理》入 F119.9;

《山地研究》入 P94。

N 类:

1. 修订要点

新增类目 6 个,如[N019]法令、法规及其阐述,N07 不明的自然现象与事物,N33 实验方法与实验设备,N39 信息化建设、新技术的应用,N79 非纸质刊物、视听刊物,N93 非线性科学。修改类名 1 个,如"N94系统论(系统学、系统工程)"改为"N94 系统科学"。增补、修改注释 5处,如 N0 自然科学理论与方法论,N09 学史、学术思想史,N1 自然科学概况、现状、进展,N4 自然科学教育与普及,[N99]信息学(情报学)、科技信息工作(科技情报工作)。

2. 分类要点

凡属自然科学总论性文献或自然科学与技术科学的总论性文献均入此类。凡属自然科学或技术科学中的某一专门学科的专论性文献入有关各类。凡属总论自然科学、技术科学与哲学、社会科学理论与方法的文献入"G3 科学、科学研究"类。自然科学领域的画报、学报、知识普及性刊物、专利与创造发明的综合性报道等分别归入 N6、N03、N49、N18 等类。有关自然界的综合研究和综合性科学方面的入 N8/94类。如：

《辽宁教育学院学报》(自然科学版)入 N031；

《少年科学画报》入 N6；

《大自然》入 N91。

O 类：

1. 修订要点

新增类目 1 个,如 O23 控制论、信息论(数学理论)；删除类目 13个,如 O13 高等数学,O19 整体分析、流行上分析,O31 理论力学(一般力学),O369 物理力学,O45 无线电物理学等。增补、修改注释 8 处,如O1 数学,O17 数学分析,O3 力学,O35 流体力学,O4 物理学,O41 理论物理学,O64 物理化学、化学物理学,O65 分析化学。

2. 分类要点

本类组包括:数学、力学、物理学、化学和晶体学,是研究自然界物质运动最普遍、最基本规律的基础科学,也是其他科学技术的理论基础。因此,总论该学科理论应用到各方面的期刊归入本类相关类,专论本大类所列的某一学科在某一方面应用的期刊,则归入被应用类。中小学数理化教学法、教学辅导入 G6 有关各类。如：

《中学生理科月刊(初三版)》入 G633；

《南京大学学报(化学、物理学)》入 O-031；

《应用数学与计算数学》入 O29,互见 O24；

《感光科学与光化学》入 TQ57,互见 O43。

P 类：

1. 修订要点

新增类目 14 个，如 P12 天体测量学，P18 太阳系，P22 大地测量学，P42 气象基本要素、大气现象，P618 矿床分类，P631 地球物理勘探，P71 海洋调查与观测等。删除类目 2 个，如 P317 火山学，P747 海水淡化。修改类名或类目性质 2 个，"P4 气象学"改为"P4 大气科学（气象学）"，"P52 古生物学"从使用类改为交替类。增补、修改注释 14 处，如 P1 天文学，P2 测绘学，P3 地球物理学，P4 大气科学（气象学），P5 地质学，P56 区域地质学，P74 海洋资源与开发，P94 区域自然地理学等。

2. 分类要点

本类是以研究天体物质及运动和大地物质及运动为对象的学科类组，包括天文学、测绘学、地球物理学、大气科学、地质学、海洋学和自然地理学。

"P1 天文学"包括天体力学、天体测量学、天体物理学、宇宙学、太阳系、空间天文学和时间、历法研究等有关期刊，但空间科学总论方面的期刊应入 V1。"P2 测绘学"包括大地、地形、海洋等测量学、地籍学、摄影测量与遥感学、地图制图学。"P3 地球物理学"包括大地（岩石界）物理学、地震学、火山学、水界物理学、水文学、空间物理学等。"P4 大气科学（气象学）"包括大气观测、动力气象学、天气学及天气预报、气候学、实用气象学、气象灾害及其防治等。气象学在军事、农业、交通等各部门应用的刊物各入其类。"P5 地质学"包括各时代、各地区、各地层地质调查和研究以及矿物学、岩石学和地球化学等。矿床学、地质矿产普查与勘探总论亦入此类，但专论各种矿的开采入 TD82/87，各种矿的选矿入 TD9。"P7 海洋学"包括区域海洋学、海洋资源与开发、海水淡化，以及海洋工程等，海洋生物学、海洋渔业、水产，以及港湾工程等各入其类。"P9 自然地理学"包括数理地理学、地貌学（地形学）、区域自然地理等，专论江、河、湖泊及其治理的刊物入 TV8。自然地理学的其他分支学科，如古地理学、水文地理学、土壤地理学、生物地理学、医学地理学、环境地理学各入其类。例：

《宇宙研究(Cosmic research)》入 P1；

《空间科学学报》入 V1-03 或 Z3：V1；

《地壳形变与地震译丛》入 P315；

《气象科技动态》入 P4-1；

《宝石和宝石学杂志》入 P57；

《煤田地质情报》入 P618.1-1；

《海洋地质动态》入 P73-1；

《露天采煤》入 TD82；

《南极研究》入 P94。

Q 类：

1. 修订要点

(1)新增类目 12 个，如 Q-3 生物科学的研究方法、技术，Q41 普通生物学，Q75 分子遗传学，Q949 植物分类学(系统植物学)，Q982 人种学等。删除类目 14 个，如 Q10 生命科学，Q19 生物分类学，Q51 蛋白质，Q811 仿生学等。

(2)修改类名或类目性质 5 个，如"Q78 遗传工程"改为"Q78 基因工程(遗传工程)"，"Q81 生物工程学"改为"Q81 生物工程学(生物技术)"，"Q91 古生物学"从交替类改为使用类。增补、修改注释 8 处：如 Q1 普通生物学，Q3 遗传学，Q5 生物化学，Q7 分子生物学，Q93 微生物学等。

2. 分类要点

本类是以生物为研究对象的普通生物学和生物学的专门学科，以及各类具体生物为研究对象的生物学分支学科。专门学科 Q1/91 包括细胞学、遗传学、生理学、生物化学(含人体生物化学)、生物物理学(含人体生物物理学)，以及分子生物学和生物工程学、古生物学等，Q89 环境生物学交替到环境科学。分支学科 Q93/96 包括微生物学、植物学、动物学和昆虫学等，生物在农业、工业、医学等领域中的专门应用研究则各入其类。"Q98 人类学"专收总论和专论人类起源、人种学、分子人类学、人类遗传学和人类生态学等的专门学科刊物,有关人体形态学,以及人的卫生保健、疾病及其诊断、治疗等刊物入 R 有关类目。如:

《中国科学(生命科学)》入 Q1;

《生物学文摘(植物学)》入 Z89：Q94 或 Q94-7;

《遗传学报》入 Q3-03 或 Z3：Q93;

《真菌学报》入 Q93-03 或 Z3：Q93;

《生物产业技术》入 Q81;

《微量元素与健康研究》入 Q5;

《人类学学报》入 Q98;

《中老年保健》入 R16;

《昆虫天敌》入 S47;

《工业微生物》入 TQ92。

R 类:

1. 修订要点

(1)新增类目 20 个,如 R-0 一般理论,R192 卫生医务人员,R25 中医内科,R393 医学分子生物学,R41 临床诊疗问题,R48 临终关怀学,[R535]人畜共患病,R91 药物基础科学等。删除类目 5 个左右,如[R179]儿童、少年卫生,R318 生物医学工程,R592 老年病学等。

(2)修改类名 9 个,如"R12 环境卫生"改为"R12 环境医学、环境卫生","R169 计划生育与卫生"改为"R169 生殖健康与卫生","R446 医学检验"改为"R446 实验室检验","R95 药事组织"改为"R95 药事管理"等。

(3)增补、修改注释 31 处,如 R16 个人卫生与健康,R24 中医临床学,R3 基础医学,R4 临床医学,R44 诊断学,R47 护理学,R61 外科手术学,R71 妇产科学,R78 口腔科学,R99 毒物学(毒理学)等。

2. 分类要点

本类是探索人类疾患原因、疾患过程、防治和消灭病患的技术,研讨如何增进人类健康、延长寿命的科学,包括卫生学、医学和药学三大部分,序列为:"R1 预防医学、卫生学"、"R2 中国医学"、"R3 基础医学"、"R4/78 临床医学"、"R79 外国民族医学"、"R8 特种医学"和"R9 药学"。

(1)R1 包括公共卫生学、卫生经济学、环境卫生、职业卫生、饮食卫生、个人卫生、特殊环境与特殊人群卫生以及卫生检疫防疫、流行病学、卫生事业管理等。若专论与环境卫生有关的环境污染与治理、环境管理与保护等方面的期刊应入 X1/8 有关类;专论与职业卫生有关的某种职业性疾病诊断与治疗方面的刊物应依各种疾病入临床各科;专论计划生育与卫生入 R169,但优生学应入 Q98,遗传与优生应入 R394。如:

《健康顾问》入 R16-49;

《全国供水卫生》入 R12;

《中国学校卫生》入 G47,互见 R12;

《营养与食品卫生》入 R15;

《青少年与健康》入 R16;

《中华老年医学杂志》入 R59。

(2)R2/8 包括基础医学、中外民族医学、临床医学及特种医学,基础医学除医用数学、物理学、化学等之外,还包括生物医学工程、人体形态学、人体生理学、病理学、医学微生物学、医学寄生虫学、医学分子生物学、医学免疫学、医学遗传学以及医学心理学、病理心理学等。但有关人体生物化学和生物物理学则交替到 Q5 与 Q6。总论中医、中药、中西医结合的刊物入 R2 有关各类。凡属于各专科的中西医学刊物则入 R5/78 有关类目。R4/8 包括临床各科疾病的急救、诊断、治疗、护理及康复等,其总论入 R4 有关各类,专论入 R5/8 有关各类,各科护理集中归入 R47。R8 包括特种诊疗法及特种环境的疾病诊疗、预防和康复,如放射医学、军事医学、航海医学、潜水医学、航空航天医学、运动医学,法医学交替到 D9。例:

《中国中医急症》入 R24;

《按摩与导引》入 R247;

《中西医结合:眼科杂志》入 R77;

《中华医学遗传学杂志》入 R394；

《临床误诊误治》入 R41；

《国际移植与血液净化杂志》R45；

《现代临床护理》入 R47；

《糖尿病之友》入 R58；

《肝胆外科杂志》入 R656；

《实用美容整形外科》入 R62；

《国外医学（肿瘤学分册）》入 R73；

《中国肺癌杂志》R73；

《航天医学与医学工程》入 R85。

（3）R9 药学包括药物基础科学、药典药方、生药学、药剂学、药理学、临床药学、毒物学（毒理学）以及药事组织等。中草药专论性刊物入 R28，制药工业入 TQ46。如：

《中国药物依赖性杂志》入 R97，互见 R99；

《中国药品标准》入 R92；

《中国医药工业杂志》入 TQ46；

《天津中药》入 R28。

S 类：

1. 修订要点

（1）新增类目 12 个，如 S-3 农业科学技术研究、试验，S12 农业物理学，S79 森林树种，S816 饲料，S83 家禽等。删除类目 23 个，如 S219 拖拉机，S38 农产品的综合利用，S511 稻，S58 野生植物，S815 畜禽饲养管理等。

（2）修改类名 18 个，如"S24 农业电气化"改为"S24 农业电气化与自动化"，"S29 农业测量、土地测量"改为"S29 农业工程勘测、土地测量"，"S44 鸟兽害及其防治"改为"S44 动物危害及其防治"，"S812 草原学"改为"S812 草地学、草原学"，"S85 兽医学"改为"S85 动物医学（兽医学）"等。

(3)增补、修改注释 27 处,如 S14 肥科学,S3 农学(农艺学),S43 病虫害及其防治,S56 经济作物,S6 园艺,S73 绿化建设,S82 家畜,S859 兽药等。

2. 分类要点

农业科学包括农业、林业、畜牧业、渔业等科学。

(1)S1/6 包括农业基础科学(数理化在农业的应用、肥料学、土壤学、农业气象学、农业生物学)、农业工程(农业动力、农村能源、拖拉机与农机、农业机械化和电气化自动化,以及农业航空、农田水利、基本建设、农垦、农业工程及土地勘测等)、农学(农艺学)、植物保护(气象灾害、病虫害、有害动植物及其各种防治方法、植保机械)、农作物和园艺作物。总论各种农作物、园艺作物的育种、耕作、田间管理、收获、加工、贮藏以及综合利用等刊物入 S3;凡某一种农作物、园艺作物的技术刊物应入 S5/6 有关类目;有关食品的加工、制造与贮藏、运输等技术刊物应入"TS2 食品工业"。如:

《土壤肥料》入 S15,互见 S14;

《中国农业气象》入 S16,互见 S42;

《蔬菜机械》入 S22;

《排灌机械》入 S27;

《山西水土保持科技》入 S15;

《耕作与栽培》入 S34;

《中国鼠类防治杂志》入 S44;

《花生学报》入 S565;

《小麦遗传译丛》入 S51;

《柑桔与亚热带果树信息》入 S66。

(2)S7 集中序列林业基础科学、造林学、森林经营学、森林工程和森林采运与利用;S8 集中序列畜牧学、家畜、家禽、兽医学、狩猎与野生动物饲养和驯养、畜产品加工与利用,以及蚕桑和养蜂等;S9 序列水产养殖、渔捞和水产品运输、贮存及加工。如:

《林业病虫通讯》入 S76;

《国际沙棘研究与开发》入 S79；

《中国畜禽传染病》入 S858；

《畜牧与饲料科学》入 S816；

《中国牛业科学》入 S82；

《中国蜂业》入 S89；

《鱼类病害研究》入 S9；

《水族世界》入 S96；

《远洋渔业》入 S97。

T、TB 类：

1. 修订要点

T 类新增类目 3 个，如 T-0 工业技术理论，T-19 先进经验、创造发明，T-6 参考工具刊。删除类目 1 个，如 T-63 工业产品目录、样本。修改类号，保持和《中图法》一致，采用"-"形式复分类号。

TB 类新增类目 3 个，如 TB32 非金属材料，TB33 复合材料，TB47 工业设计。删除归并类目 6 个，如 TB11 工程数学，TB12 工程力学、TB17 工程仿生学，TB18 人体工程学。修改类名 1 个，如"TB9 计量技术及仪器、仪表"改为"TB9 计量学"。增补、修改注释 4 处，如 TB 一般工业技术，TB3 工程材料，TB5 声学工程，TB9 计量学。

2. 分类要点

依据《中图法》的类目编制体例，通用的集中、专用的分散等原则，在 TD/TV 的 16 个二级专用类目之前设置工业技术总论性类目，包括：工业技术发展史，工业技术现状、概况、动态、工业产品目录、样本，以及工业技术标准等。还设置"TB 一般工业技术"，包括工程基础科学、工程设计与测绘、工程材料、工业通用技术与设备，以及声学工程、制冷工程、真空技术、摄影技术、计量学等。凡只属于某一部门、某一行业工业技术内容的期刊应入有关各类。如：

《青岛大学学报（工程技术版）》入 T-031 或 Z31：T；

《全国新产品》入 T-6；

《非金属材料》入 TB32；

《高分子材料科学与工程》入 TQ31；

《工业·设计》入 TB47；

《国外电影技术》入 TB8-1。

TD/TF 类

1. 修订要点

TD 新增类目 1 个，如 TD-0 矿业工程理论与方法论。修改注释 1 处，如 TD9 选矿。TE 类新增类目 3 个，如 TE0 能源与节能，TE4 油气田建设工程，TE62 石油炼制。删除类目 1 个，如 TE68 炼油厂、天然气加工厂。修改类名或类目性质 2 个，如"TE5 海上油、气田开发与开采"改为"海上油气田勘探与开采"，"TE99 石油、天然气工业环境保护与综合利用"从使用类改为交替类。修改注释 1 处，如 TE6 石油、天然气加工工业。TF 类新增类目 3 个，如 TF81 重金属冶炼，TF82 轻金属冶炼，TF84 稀有金属冶炼。删除类目 2 个，如 TF06 冶金炉，TF12 粉末冶金。修改类目性质 1 个，如"TF09 三废处理与综合利用"从使用类改为交替类。

2. 分类要点

TD 类矿业工程是以矿石的开采和加工为对象的工业技术部门，主要包括矿山地质与测量、矿山建设、矿山机械设备、矿山安全、矿山开采、选矿等方面的内容。TE 石油、天然气工业类是关于石油、天然气的开采、提炼、加工的工业部门，主要包括石油、天然气的地质与勘探，石油、天然气的开采，石油、天然气的炼制，油气的储存与运输，石油、天然气专用机械设备等。TF 冶金工业类是将开采出来的金属矿石冶炼加工成金属原材料的工业部门。主要包括冶金理论、冶金技术、冶金机械设备、各种金属的冶炼。

分类标引时，凡不分矿种属于总论性的刊物应分别入 TD1/7 和 TD9 各类。凡属专论煤矿、金属矿、非金属矿中某一种矿的矿山地质与测量、设计与建设、开采、运输、选矿及其机械、设备和安全与劳动保护等内容的期刊则入 TD82、TD85 和 TD87。凡总论各种金属冶炼技术及相关机械与设备的期刊入 TF1 和 TF3。凡专论铁、钢等黑色金属或有色金属冶炼技术及相关机械与设备的期刊入 TF4/8 有关各类。有关各种金属的成分、性质、检验等金属学的期刊入 TG 类；放射性元素、半导体元素的冶金，分别入 TL2、TN3 类。如：

《矿业快报》入 TD-1；

《金银工业》入 TD85；

《地质矿产研究》入 P62；

《煤矿支护》入 TD82；

《大庆石油地质与开发》入 TE1；

《石油化工设备》入 TE9；

《石油钻井完井技术》入 TE2；

《润滑油与燃料》入 TE62；

《东北特殊钢》入 TF7；

《有色矿冶》入 TF8。

TG/TJ 类

1. 修订要点

TG 类删除类目 13 个，如 TG11 金属学（物理冶金），TG13 合金学，TG141 黑色金属材料，TG35 拉制、拉拔，TG39 高能成型，TG66 特种加工机床及其加工等。修改类名 2 个，如 TG33 轧制，TG4 焊接、金属切割及金属粘接。增补、修改注释 4 处，如 TG1 金属学与热处理，TG14 金属材料，TG33 轧制，TG5 金属切削加工及机床。

TH 类新增类目 1 个，如 TH89 其他仪器仪表。删除类目 17 个，如 TH117 机械摩擦、磨损与润滑，TH134 控制机件、阀门，TH138 气压传动，TH67 邮政用机械与设备，TH68 商业用机械与设备，TH73 物理学与力学一般仪器，TH79 生物科学与农林科学仪器，TH81 热工量的测量仪表等。修改类名和类目性质 3 个，如"TH17 运行与维修"改为"TH17 机械运行与维修"，"TH2 起重运输机械"改为"TH2 起重机械与运输机械"，"TH71 计量仪器、仪表"从交替类改为使用类。增补、修改注释 4 处，如 TH11 机械学，TH13 机械零件及传动装置，TH6 专用机械与设备，TH7 仪器、仪表。

TJ 类新增类目 2 个，如 TJ08 军工厂，TJ8 战车、战舰、战机、航天武器。删除类目 3 个，如 TJ012 弹道学，TJ015 射击学，TJ68 航空兵器。修改类名或类目性质 2 个，如"TJ5 爆破器材、烟火器材"改为"TJ5 爆破器材、烟火器材、军用器材"，"TJ86 航天武器"改为"TJ86 航天武器（太空武器）"，并从交替类改为使用类。增补、修改注释 3 处，如 TJ 武器工业，TJ5 爆破器材、烟火器材、军用器材，TJ6 水中兵器。

2. 分类要点

TG 类金属学是研究金属及其合金在加工和热处理过程中金相组织和晶体结构变化的规律，寻求改善其性能和测定性能方法的科学。金属工艺是以金属材料为加工对象，运用各种手段改变其物理形状，使之成为机器零件毛坯、机械制造用材料以及建筑等材料的技术。TH 类机械工程是制造各种机械、仪器零部件，并把它们装配成机械、仪器的工程技术。TJ 类武器工业是利用金属工艺、机械工程、电子技术的原理和技术，生产军事专用机械、仪器、器材的工业技术。

专论金属工艺及设备包括铸造、压力加工、焊接、切割、粘接、切削加工、特种加工，以及刀具、磨料、磨具、夹具、模具、手工具、公差与技术测量、机械量仪、钳工工艺、装配工艺等方面的期刊分别入 TG2/9 有关各类。凡属各种专门机械、设备和工程的专用金属材料、金属工艺及设备的期刊则各入其类。机械工业的一般性问题、通用机械以及电信、商业、金融的专用机械分别归入 TH11/18、TH2/4 以及 H6，TH7 包括仪器与仪表的理论、设计、制造、使用、维修等。TJ 主要为常规武器和非常规武器，其中包括枪械、火炮、弹药、引信、火工品、爆破器材、烟火器材、水中兵器、航空兵器、火箭、导弹、战车，以及核武器和其他特种武器的理论、设计、材料、工艺、测试等，战舰、战机、航天武器，以及火炸药、推进剂和各种电子通信、监测、控制、干扰等军用器材与设备均分别入 TN、TQ、U、V 等有关类目。有关各种武器及军用器材装备技术及使用、维修、保养知识的刊物入 E92。如：

《金属表面技术杂志》入 TG17；

《钢丝与钢绳》入 TG3；

《机电工程技术》入 TH；

《轴承工厂设计》入 TH18；

《建筑机械》入 TU6；

《流量测量技术》入 TH71；

《兵工学报(火炮分册)》入 TJ3-03 或 Z3：TJ3；

《防化学报》入 TJ9-03 或 Z3：TJ9；

《国外舰艇科技动态》入 U66-1。

TK/TM 类

1. 修订要点

TK 类新增类目 1 个,如 TK5 特殊热能及其机械。删除类目 8 个,如 TK11 热能,TK17 工业用热工设备,TK24 蒸汽机,TK28 蒸汽动力工厂(车间),TK41 汽油机等。修改类名或类号 6 个,如"TK 动力工程"改为"TK 能源与动力工程","TK0 能源"改为"TK01 能源","TK4 内燃机工程"改为"TK 内燃机","TK51 太阳能技术"改为"TK51 太阳能及其利用"等。增补、修改注释 4 处,如 TK1 热能、热力工程,TK2 蒸汽动力工程,TK4 内燃机,TK6 生物能及其利用。

TL 类增补、修改注释 2 处,如 TL 原子能技术,TL8 粒子探测技术、辐射探测技术与核仪器仪表。

TM 类新增类目 14 个,如 TM-03 学报,TM24 导电材料及其制品,TM51 高压电器(总论),TM61 各种发电,TM62 发电厂,TM72 输配电技术等。删除类目 2 个,如 TM922 电力牵引,TM924 电热。修改类名 2 个,如"TM8 高电压技术、高压电器"改为"TM8 高电压技术","TM923 电力照明"改为"TM923 电气照明"。增补、修改注释 6 处,如 TM1 电工基础,TM2 电工材料,TM5 电器,TM6 发电、发电厂(站),TM92 电气化、电能应用,TM925 家用电器。

2. 分类要点

TK 类动力工程是研究如何利用燃料的化学能、自然界的水能、风能、太阳能、氢能等能源产生原动力,设计、制造原动机及其辅助装置的技术工程。其内容主要包括能源理论、热力工程、蒸汽动力工程、内燃机工程、热工测量、其他能源及机械。《中图法》将电能、核能及其机械另外分别编有专类(TM、TL)。TL 类原子能技术是利用核物理学的理论,通过实现重核裂变和轻核聚变释放巨大能量,并加以控制和利用的工程技术领域。原子能技术主要包括原子能技术理论、核燃料及其生产、核反应堆工程、放射性同位素制备、核辐射的探测与防护、原子能技术的应用等。TM 类电工技术是研究电磁现象、电磁过程及其规律在工程技术中应用,以及电能的生产、输送、分配的技术科学。其研究的对象主要有电工理论、电工材料、电器(包括元件、器件、整机)发电及输配电、测量仪器及方法等。

(1)凡属总论能源和动力机械及其应用的有关期刊均入 TK 类,凡专论其在某方面具体应用的期刊则各入其类;凡属核燃料与放射性同位素及其生产与制备、包装、运输、贮存及废物处理等均入 TL 类。总论辐射防护入 TL7,但放射性物质的一般卫生与防护应入 R14,放射医学入 R81。总论核爆炸入 TL91,但专论核武器应入 TJ9。总论原子能技术的应用入 TL99,但专论其在某一方面的应用则各入其类。如:

《动力工程学报》入 TK-03;

《小型内燃机与摩托车》入 TK4,互见 U48;

《江苏沼气》入 TK6;

《铀矿冶》入 TL2;

《中国核仪器通讯》入 TL8-03;

《核动力工程》入 TL99。

(2)凡诸如电路理论、磁路理论和电磁场理论等研究电工设备的电磁现象和电磁过程的理论,均入 TM1。有关电磁学的专论期刊应入 O44。电工材料总论和有关其理论、设计、制造等方面问题的专论,以及各种电工材料入 TM2 有关各类;但无线电材料入 TN8,光电子材料及工作物质入 TN2,红外光学材料入 TN21,激光材料入 TN24,半导体材料入 TN3。凡总论电机(发电机、电动机)及其理论、设计、制造工艺、安装、试验、维护、检修等方面问题的期刊入 TM3 有关各类,专论发电机或电动机在专门机器或设备的应用各入其类。"TM92 电气化、电能应用"包括该类下所列各子目均只收总论性期刊,凡属专论在某一方面应用的期刊则各入其类。"TM925 家用电器"是主要以家庭为应用对象,根据期刊出版情况而设置的类目,包括空气调节电器、冷藏用电器、清洁卫生用电器、整容用电器、厨房用电器、电炊具、取暖电器等。如:

《杭州电力》入 TM;

《绝缘材料》入 TM21;

《微电机》入 TM38;

《日用电器》入 TM5;

《家用电器·时尚消费》入 TM925;

《电表》入 TM93。

TN/TP 类

1. 修订要点

TN 类新增类目 5 个,如 TN01 基础理论,TN911 通信理论,TN914 通信系统(传输系统),TN915 通信网,TN918 通信保密与通信安全。删除类目 6 个,如 TN0 无线电电子学,TN015 微波技术与超高频技术,TN25 波导光学与集成光学,TN27 显示技术,TN34 可控硅技术,TN35 半导体器件。修改类名或类号 5 个,如"TN 无线电电子学、电信技术"改为"TN 电子技术、通信技术","TN24 激光技术"改为"TN24 激光技术、微波激射技术","TN8 无线电、电信设备"改为"TN8 无线电设备、电信设备","TN915 有线通信"改为"TN913 有线通信、通信线路工程","TN919 数据通信、图像通信"改为"TN919 数据通信"。增补、修改注释 7 处,如 TN2 光电子技术、激光技术,TN3 半导体技术,TN91 通信,TN919 数据通信,TN92 无线通信,TN94 电视,TN96 无线电导航。

TP 类新增类目 2 个,如 TP311 程序设计、数据库、软件工程,TP399 计算机在其他方面的应用。删除类目 1 个,如 TP391.7 计算机辅助技术。修改类名或类号 3 个,如"TP 自动化技术、计算技术"改为"TP 自动化技术、计算机技术","TP3 计算机"改为"TP3 计算机技术","TP32 电子计算机"改为"TP33 电子计算机"。增补、修改注释 4 处,如 TP31 计算机软件,TP39 计算机的应用,TP391 信息处理(信息加工),TP393 计算机网络。

2. 分类要点

TN 类电子学研究电子或离子产生和运动的规律及其应用,并研究利用电磁波在空中传播各种信号的技术。电信技术则是研究利用电话、电报、广播、电视、雷达等方式通过电信号的传输以传递信息的技术。TP 类包括自动化技术、计算机技术、射流技术、遥感技术和远动技术。

(1)电子学及其应用入 TN01,红外与激光技术入 TN2 各类,半导体物理学、半导体电子学、半导体化学及半导体材料、半导体技术等刊物入 TN3,专论电子学、红外与激光在某一方面应用的技术刊物应各入其类;光学理论专论、半导体物理学或半导体化学的刊物则分别入 O43、O4 和 O64。如:

《电子科学》入 TN01;

《真空电器技术》入 TN1;

《光子技术》入 TN2;

《电子元器件资讯》入 TN6-1;

《Soviet physics. Semiconductors》入 O4。

(2)通信理论、传输理论,信号处理技术分别入 TN911、TN912,专论有线通信或通信传输系统、通信网的刊物分别入 TN913、TN914、TN915,无线通信入 TN92。专论电话或电报、传真、通信安全、数据通信等的刊物无论其属于有线通信或无线通信,均分别入 TN916/TN919。如:

《广播电视科技文摘》入 Z89：TN93 或 TN93-7;

《数码(移动通讯)》入 TN92；

《电信网技术》入 TN915；

《现代音响技术》入 TN912；

《有线电视》入 TN94；

《卫星电视与宽带多媒体》入 TN94；

《中国数据通信》TN919；

《导航与雷达动态》入 TN96-1；

《全球定位系统》入 P22。

(3)凡有关自动化基础理论、技术与设备、自动化系统，以及总论自动化应用技术的刊物均可入 TP1/29 有关各类。有关计算机的刊物可集中归类于 TP3 及其下位各类。有关射流技术、遥感技术和远动技术的刊物入 TP6/8 有关各类。关于自动化技术、计算机技术、遥感技术等在各方面的应用入所应用到的学科类目，但自动化技术、计算机技术应用如愿集中归类，亦可在 TP29、TP399 类下，分别采用冒号组配编号法。如：

《自动化博览》入 TP-49；

《办公自动化》入 C931 或 TP29：C931；

《抗恶劣环境计算机》入 TP3；

《个人计算机与应用》入 TP39；

《游戏创造》入 TP31；

《互联网周刊(网络最经典)》入 TP393；

《遥感技术与应用》入 TP7。

TQ/TS类

1. 修订要点

TQ 类新增类目 3 个，如 TQ39 精细与专用化学品工业，TQ59 光学记录材料工业，TQ9 其他化学工业。删除类目 14 个，如 TQ02 化学过程，TQ153 电镀工业，TQ174 搪瓷工业，TQ568 火柴工业，TQ91 农产品化学加工工业，TQ95 海洋化学工业等。修改类名或类目性质 3

个,如"TQ05 化工机械与设备"改为"TQ05 化工机械与仪器、设备","TQ09 化学工业废物的处理与综合利用"从使用类改为交替类,"TQ56 爆炸物工业"改为"TQ56 爆炸物工业、火柴工业"。增补、修改注释 8 处,如 TQ0 化学工业,TQ15 电化学工业,TQ17 硅酸盐工业,TQ34 化学纤维工业,TQ45 农药工业等。

TS 类新增类目 14 个,如 TS102 纺织纤维(纺织原材料),TS202 食品原料及添加剂,TS971 饮食科学,TS975 居住、住宿管理等。删除类目 3 个,如 TS261 酿酒,TS66 家具,TS959.7 眼镜制造业等。修改类名 6 个,如"TS 轻工业、手工业"改为"TS 轻工业、手工业、生活服务业","TS97 生活供应技术"改为"TS97 生活服务技术","TS972 烹饪"改为"TS972 饮食烹饪技术及设备","TS976 家庭管理"改为"TS976 生活知识、家政服务"等。增补、修改注释 10 处,如 TS1 纺织工业、染整工业,TS2 食品工业,TS27 饮料冷食制造,TS6 木材加工工业、家具制造业,TS93 工艺美术制品工业等。

2. 分类要点

(1)TQ 各类均系研究利用化学原理、化学反应和化学方法生产化学产品的有关工业技术问题。包括四部分:TQ01/08 化工技术的一般性问题;TQ11/17 基本无机化学工业;TQ2/65 基本有机化学工业;TQ9 部分应用化学工业。此外,如纺织物印染、酿酒、制盐、造纸、制革、石油化工、化学冶金等也属于化学工业范畴,《中图法·期刊分类表》已将其设置于 TS、TE、TF 等有关各类,未在此类予以编列。凡属研究元素及其化合物的组成、结构、性质和化学变化规律的科学均入 O6;TQ01/08 所列类目均属于化学工业的共性问题,凡专论某种化工生产的期刊应依该产品归入有关各类。如:

《化工设备与防腐蚀》入 TQ05;

《绿箭信息》入 TQ11;

《金刚石与磨料磨具工程》入 TQ16;

《试剂与精细化学品》入 TQ42,互见 TQ39;

《现代涂料与涂装》入 TQ63;

《印染助剂》入 TS19；

《化工冶金》入 TF1。

(2)TS 类包括轻工业、手工业和生活服务业技术。轻工业是以生产消费资料为主的工业部门；手工业是指主要以手工操作或运用简单工具与设备进行有限规模生产的行业。本类主要包括纺织工业、染整工业、食品工业、制盐工业、烟草工业、皮革工业、木材加工工业、造纸工业、印刷工业、五金制品和工艺美术制品工业、服装鞋帽制造业，以及文具、体育用品、舞台道具、乐器、玩具和眼镜制造业，生活服务业是指有关日常生活衣、食、住、行方面的综合性服务技术，如美食学、饮食文化与饮食烹饪技术及设备，衣着、日用纺织品、装饰品服务，美容、美发、沐浴，居住、住宿管理及家政服务等。与轻工业、手工业密切的行业，如照像机、度量衡器具、自行车以及香料、化妆品、肥皂和火柴制造等，《中图法·期刊分类表》已将它们划归于 TB、U、TQ 等有关各类。如：

《装饰织物》入 TS106；

《丝绸》入 TS14；

《国外纺织技术（化纤、染整、环境保护分册）》入 TS1，互见 X7；

《中国食品学报》入 TS2-03；

《中国乳品工业》入 TS252；

《新烟草》入 TS4，互见 S572；

《中国人造板》入 TS6；

《中国珠宝首饰》入 TS93；

《时尚北京·北京服装纺织》入 TS941；

《中外玩具制造》入 TS958；

《瑞丽（服饰美容）》入 TS97；

《餐饮世界（大众版）》入 TS971；

《瑞丽家居设计》入 TS975；

《室内设计与装修》入 TU22。

TU/TV 类

1. 修订要点

TU 类新增类目 10 个,如 TU19 建筑勘测,TU51 金属材料,TU52 非金属材料,TU984 城市规划,TU986 园林规划与建设等。删除类目 3 个,如 TU81 管道设备,TU82 卫生设备,TU88 照明设备。修改类名或类号 5 个,如"TU0 建筑与哲学、社会科学"改为"TU-0 建筑理论","TU08 建筑美学、建筑艺术"改为"TU-8 建筑美学、建筑艺术","TU22 房屋构造与设计"改为"TU22 房屋细部构造设计","TU91 地下建筑"改为"TU9 地下建筑","TU998 消防技术与设备"改为"TU998 消防等其他城市公用设施与设备"。增补、修改注释 10 处,如 TU27 工业建筑,TU3 建筑结构,TU7 建筑施工,TU85 机电设备,TU98 区域规划、城乡规划等。

TV 类增补、修改注释 4 处,如 TV1 水利工程基础科学,TV2 水资源调查与水利规划,TV6 水利枢纽、水工建筑物,TV8 治河工程与防洪工程。

2. 分类要点

(1)TU 类为土木建筑科学、区域规划与城乡规划和市政工程。其中,TU-0/97 包括建筑理论、建筑美学、基础科学的建筑应用、建筑设计、建筑结构、土力学、地基基础工程、建筑材料、建筑施工及施工机械和设备、房屋建筑设备、地下建筑、高层建筑。土木工程总论应入本类。有关水利土木工程、道路桥涵土木工程和航道、港口、港湾土木工程等应入 TV、U 各类。TU24/27 只收总论民用建筑、农业建筑和工业建筑有关房屋构造与设计方面的期刊。凡有关具体建筑物或其主要内容为建筑结构、土力学、地基基础工程、建筑材料、建筑施工及施工机械与设备,以及房屋建筑设备等的期刊均各入其类。TU99 市政工程类主要包括给、排水工程、公共卫生工程、供电和通信、供热及燃气供应、消防技术与设备。如:

《土木建筑工程信息技术》入 TU-39;

《门窗》入 TU22;

《工厂建设与设计》入 TU27；

《水泥工厂设计》入 TQ172；

《建筑·建材·装饰》入 TU；

《岩石力学与工程学报》入 TU4-03 或 Z3：TU4；

《水利水电勘测设计》入 TV2；

《工程建设项目管理与总承包》入 TU7；

《建筑电气资讯(强电)》入 TU85；

《景观设计》入 TU98；

《工业用水与废水》入 TU991。

(2)TV 类包括水利工程基础科学、水资源调查与水利规划、水工结构、水工材料、水利工程施工、水利枢纽、水工建筑物、水能利用、水电站工程及治河工程与防洪工程。有关水力发电、水电站、运渠工程、港湾工程和农田水利工程等均分别入 TM61、U61、U65 和 S27，在本类只相应设置了交替类目。与其相关的水文学、流体力学及工程流体力学等应分别入 P33、O35 和 TB1。如：

《水资源与水工程学报》TV-03；

《防渗技术》入 TV3；

《渠道防渗技术》入 U61；

《丹江口水利》入 TV6；

《黄河泥沙研究动态》入 TV8；

《水利水电工程地质》入 P64；

《水文》入 P33。

U/V 类

1. 修订要点

U 类新增类目 5 个，如 U12 城市交通运输，U464 汽车发动机，U469 各种汽车，U666 导航设备、水声设备，U674 各种船舶。删除类目 4 个，如 U16 集装箱运输，U17 管道运输，U261 内燃机车，U264 电力机车。修改类名 3 个，如"U463 汽车部件、汽车发动机"改为"U463 汽车结构部件","U49 公路运输技术管理"改为"U49 交通工程与公路运输技术管理","U665 船舶设备"改为"U665 船舶电气设备、观通设备"。增补、修改注释 11 处,如 U1 综合运输,U26 机车工程,U4 公路运输,U463 汽车结构部件,U66 船舶工程,U69 水路运输技术管理等。

V 类删除类目 1 个,如 V47 航天器及其运载工具。增补、修改注释 2 处,如 V46 火箭与航天器制造工艺,V55 航天基地与地面设施。

2. 分类要点

现代交通运输大致可划分为铁路运输、公路运输、水路运输、航空运输和管道运输五大系统。U 大类主要集中编列了前三种运输系统的有关道路(线路、航道)工程、运输工具和运输管理技术方面的类目。关于管道运输与集装箱运输等集中编列在 U1 综合运输类中,专论油气管道或管道列车等各入其类。航空运输另立类于 V2/3,与航天科学技术以类组形式编列在 V 大类,该类包括航空航天的基础理论与试验、各类型航空器和航空发动机、航空仪表与设备、航天器及其推进系统、航天仪表与设备、航空与航天工程材料、航空器与航天器及其运载工具的制造工艺、航空与航天用燃料及润滑剂、航空飞行术与航天术、航空港(站)、机场及技术管理、航天基地与地面设施,以及航空与航天系统工程等。关于航空、航天医学交替到医学类。

(1)U 大类侧重于交通运输工程技术和管理技术,如道路(线路、航道)工程的勘测、设计、施工,运输工具(机车、车辆、汽车、船舶等)的设计、制造、使用,以及诸如车站、港口、行车枢纽的建设,行车与客货运输组织管理,交通工程与交通管理等。有关运输管理体制和运输计划、运输业建设与发展、运输价格、成本与利润、运输业组织与管理入 F5 各类,凡运输工程与运输经济总论的期刊均入本类。本类还包括各运输工具的制造工程的专用材料、机械和动力装置,以及电气设备、通信设备,但属通用工程材料、机械和设备等方面的期刊,均应分别归入 TB、TG、TH、TK、TM、TN 等类。U6 包括航道工程、运渠(运河、渠道)工程、通航建筑物、助航设备、港口工程、港湾工程,但凡属治河工程或湖泊治理工程则入 TV8。如:

《武汉理工大学学报(交通科学与工程版)》入 U-031 或 Z31：U；

《城市轨道交通研究》入 U12；

《中国索道》入 U1；

《地铁与轻轨》入 U23；

《电力机车与城轨车辆》入 U26；

《中国公路》入 U4；

《世界桥梁》入 U44；

《汽车时尚报·实用技术合刊》入 U46；

《港口科技》入 U65；

《船史研究》入 U66-09；

《广州航海(船舶消磁)》入 U675；

《中国船检》入 U69。

(2)V 大类中 V1 收总论空间科学研究与探索的刊物，以及有关航空科学技术与航天科学技术综合研究的期刊，包括"飞碟"、"不明飞行物"等探索研究的刊物。总论航空科学技术的刊物入 V2，专论飞机及其他航空器设计、结构、材料、制造工艺等的刊物入 V22/27。总论航天科学技术的刊物入 V4，专论航天器及其运载工具各方面问题的期刊则分别入有关各类。

《世界航空航天博览》入 V-49；

《国外空间技术》入 V1；

《航空动力技术》入 V21；

《航空维修与工程》入 V26，互见 V37；

《中国导弹与航天文摘》入 Z89：V4 或 V4-7，互见 Z89：TJ7 或 TJ7-7；

《航天返回与遥感》入 V52；

《航天地面设备》入 V55；

《导弹与航天运载技术》入 TJ7，互见 V46。

X 类:

1. 修订要点

新增类 3 个,如 X37 自然资源合理开发与环境保护,X74 石油、天然气工业污染以及废物处理与综合利用,X75 矿业、冶金工业污染以及废物处理与综合利用。修改类名 7 个,如"X 环境科学、劳动保护科学(安全科学)"改为"X 环境科学、安全科学","X2 环境综合研究"改为"X2 社会与环境","X7 三废处理与综合利用"改为"X7 行业污染、废物处理与综合利用","X9 劳动保护科学(安全科学)"改为"X9 安全科学"等。增补、修改注释 8 处,如 X1 环境科学总论,X2 社会与环境,X4 灾害及其防治,X5 环境污染及其防治,X8 环境质量评价与环境监测等。

2. 分类要点

本类环境科学包括基础理论,环境综合研究与环境保护管理,灾害、环境污染及防治,行业污染、三废处理及综合利用,环境质量评价与监测;安全科学包括基础理论、安全管理、安全工程和劳动卫生工程。

(1)总论环境保护管理,各区域、各行业环境管理以及环保产业、有害物质的管理方面的期刊均入 X3,但有关环境卫生、放射卫生的期刊应分别入 R12 和 R14,有关大气、水体、土壤、岩石地层、海洋、食物等受污染及其防治以及热、放射性物质、农用化学物质、有毒化学物质对环境的污染及其防治入 X5,从行业角度论述污染与防治的刊物入 X7 有关各类。环境质量评价与环境监测入 X8。如:

《沿海环境》入 X3;

《人类环境杂志》入 X2;

《生态与农村环境学报》入 X2;

《自然保护》入 X37;

《中国 ISO14000 认证》入 X3;

《水系汞污染与防治》入 X5;

《有色金属再生与利用》入 X75;

《环境监测管理与技术》入 X8。

(2)总论自然灾害、人为灾害及其防治的刊物入 X4,专论某一种灾害的期刊各入其类。总论劳动安全科学技术、职业安全卫生、劳动保护以及总论工业安全、防火、防爆等刊物入 X9 有关各类,凡属各行业、各生产部门劳动安全技术方面的期刊应各入其类。如:

《生命与灾害》入 X4;

《火灾科学》入 TU998,互见 X93;

《特种设备安全技术》入 X93;

《安全与健康(人·车·路)》入 X93;

《国家安全生产监督管理总局国家煤矿安全监察局公告》入 TD7-2;

《通风除尘》入 X96;

《世界劳动安全卫生动态》入 X93-1,互见 R13-1。

Z 类:

1. 修订要点

调整类序与 C、N、形式复分表大致相同,并修改类名 8 个,如增补 Z0 综合性学术刊物。删除 Z2 综合性知识刊物与 Z4 合并,新增 Z41/48 各种综合性知识普及性刊物。增补、修改注释 2 处,如 Z1 信息(情报)报刊。

2. 分类要点

本大类收各学科类目以外的类无专属的综合性期刊。全类依据刊物性质进一步区分为:学术类、信息(情报)类、学报类、知识普及类、画报类、中国少数民族语文类、盲文类,以及文献目录与检索类等。

(1)以刊载综合性学术研究论文为主要内容的学报入 Z3,专门学科的学报入有关各类,如愿集中于此者,可采用冒号组配编号法。以刊载综合性的动态、消息、进展、预测、述评、快报、信息(情报)研究报告等为主要宗旨和内容的刊物入 Z1,以各年龄段或不同性别人群为读者对象、刊载综合性知识或娱乐性知识内容的刊物入 Z4 有关各类。如:

《吉林大学研究生论文集刊》入 Z0;

《赣南师专学报(哲学社会科学、自然科学综合版)》入 Z31;

《青年博览》入 Z42;

《八小时以外》入 Z4;

《人民画报》入 Z6;

《女性天地》入 Z44。

(2)以提供文献内容梗概和检索手段为宗旨的馆藏文献目录、出版发行目录、期刊索引、题录、文摘等刊物入 Z8 有关各类,也可采用冒号组配编号法集中。若愿入有关各类,可用形式复分表-7 复分。非检索刊物、单纯以提供文献内容梗概为宗旨的综合性文摘刊物应入 Z4,中国少数民族语文刊物、盲文刊物,如愿集中于 Z71、Z73,也可采用冒号组配编号法。若愿入有关各类,可用形式复分表-68、-69 复分。如:

《外文报刊资料索引(哲学和社会科学部分)》入 Z89;

《冶金文摘(耐火材料)》入 Z89:TF84 或入 TF84-7;

《读者》(原刊名为《读者文摘》)入 Z4;

《今日文摘(纪实版)》入 Z4;

《馆藏科技资料目录》入 Z82。

通用复分表

由以下 3 个复分表组成,各表使用方法可详见各表说明,本版修订内容见以下说明:

附表一:形式复分表

新增类目,如-39 信息化建设、新技术的应用、-79 非纸质刊物、视听刊物,-791 缩微制品,-794 机读资料,-795 网络资源等。

附表二:世界地区表

(1)新增类目 63 个,如 128 南半球,179.1 岛屿、半岛,19 按语种、人种、宗教、集团区分的地区,198 古代地区,555.2 黑山共和国,8 外太空等。删除类目 2 个,如 634 威克岛,635 埃利斯群岛。

(2)修改类名或类目性质 25 个,如"174 黄土地"改为"174 黄土地、高原、台地","36 中亚"改为"36 中亚及外高加索地区","423 吉布提共和国"改为"423 吉布提","638 西萨摩亚"改为"638 萨摩亚","652 贝劳共和国"改为"652 帕劳","73 拉丁美洲、中美洲"改为"73 中美洲","511.2 俄罗斯"从使用类改为交替类等。

(3)增补、修改注释 42 处,如 176 山脉、丘陵,182.4 渤海,312 朝鲜,361 哈萨克斯坦,391 也门民主人民共和国(1970~1990),511.3 乌克兰,524 捷克,75 西印度群岛等。

附表三:中国地区表

增加了本表使用说明。新增类目 1 个,如 719 重庆市。删除类目 1 个,如 667 南海诸岛。

A 马克思主义、列宁主义、毛泽东思想、邓小平理论

总论入此。专论马克思主义哲学、马克思主义政治经济学和科学社会主义理论研究分别入 B0、F0、D0 有关各类。

若不集中 A 大类文献，可按文献性质及学科内容分散处理。马克思、恩格斯、列宁、斯大林的综合性著作及其研究可入 D3 有关各类；毛泽东、邓小平的综合性著作及其研究可入 D2；马列主义、毛泽东思想研究，专论、专题汇编及其研究入有关各类。例：马列主义研究入 D0-0；毛泽东思想研究入 D610，邓小平理论研究入 D610；邓小平论文艺入 I0；毛泽东传入 K82。

B 哲学、宗教

总论哲学及兼论哲学与宗教的刊物入此。

专论宗教入 B9。

B0 哲学理论

哲学流派研究入此，哲学理论的专题研究，例：认识论、价值论等亦入此。

B1 世界哲学

总论世界各国哲学、哲学思想史、人物评述等的刊物入此。

B2 中国哲学

包括中国各时代哲学研究。见 B1 注。

B22 先秦哲学（～前 220 年）

周易、先秦诸子思想的研究入此。例：孔子研究等入此。

B3 亚洲各国哲学

总论东方哲学入此。各国哲学亦入此。例：日本哲学研究等入此。

见 B1 注。

B4 非洲各国哲学

见 B1 注。

B5 欧洲各国哲学

总论西方哲学入此。欧洲各国哲学研究亦入此，例：康德哲学研究、黑格尔哲学研究等入此。

见 B1 注。

B6 大洋洲各国哲学

见 B1 注。

B7 美洲各国哲学

见 B1 注。

B80 思维科学

总论入此。专论入有关各类。

B81 逻辑学（论理学）

数理逻辑（符号逻辑）入 O14。

B82 伦理学（道德哲学）

人道主义研究，人生观、人生哲学、个人修养，国民公德，家庭婚姻道德，社会公德等入此。

B83 美学

总论入此。

各种应用美学入有关各类。例:艺术美学入 J0;建筑美学入 TU-8;美育入 G40。

参见 TB47。

B84　心理学

实验心理学、生理心理学及其与各种环境关系、发生心理学、个性心理学、变态心理学、心灵学等入此。

专门学科的心理学研究入有关各类。例:教育心理学入 G44;医学心理学、病理心理学入 R395。

B842　心理过程与心理状态

认知、感觉与知觉、学习与记忆、表象与想象、言语与思维、情绪与情感、意识与潜意识等入此。

B844　发展心理学(人类心理学)

儿童心理学、青少年心理学、成年人心理学、女性心理学、男性心理学等入此。不同人群的心理咨询与辅导亦入此。

种族心理学入 C95;教育心理学入 G44。

B849　应用心理学

总论心理咨询与心理辅导入此。

B9　宗教

B92　宗教理论与概况

总论神学、宗教信仰、布教、传道、仪注、世界各国宗教概况、宗教史、术数、迷信等入此。

各国宗教事务入 D6/7 有关各类,如愿集中于此者,可依世界地区表分。

B94　佛教

B95　道教

B96　伊斯兰教(回教)

B97　基督教

教义、神学等入此。

B976　宗派

天主教(旧教、公教、罗马公教)、正教(东正教)、新教(耶稣教、更正教)等入此。

B98　其他宗教

印度教、犹太教、古罗马教、古希腊教、新兴宗教等入此。

C　社会科学总论

C0　社会科学理论与方法论

社会科学、人文科学、行为科学理论等的刊物入此。

学报入 C03。

C03　学报

总论社会科学的学报入此,专科学报入有关各类。

C031　大学学报

C05　与其他学科的关系

C06　学派、学说及其评论研究

C09　学史、学术思想史

如需细分,可依世界地区表分。

C1　　社会科学概况、现状、进展

　　　　新闻、动态、规划、预测、展望入此。

C18　　专利与发明创造

　　　　先进经验入此。

C2　　社会科学机构、团体、会议工作性刊物

　　　　凡这些机构、机关编辑出版的以刊载学术研究论文为主要内容的学报入 C03。

C3　　社会科学研究工作及管理

　　　　总论社会科学研究、实验、鉴定、质量管理与评估等的刊物入此。

C39　　信息化建设、新技术的应用

　　　　电子技术、计算机技术、网络通信技术的应用，网站建设等入此。

C4　　社会科学教育与普及

C49　　　知识普及性刊物

C6　　社会科学画报

　　　　总论入此，专论入有关各类。

[C7]　　文献目录、检索类刊物

　　　　宜入 Z8 有关类目。

C79　　非纸质刊物、视听刊物

　　　　总论社会科学的音像制品（声像资料）、电子文献、电子出版物等入此。

C8　　统计学

C83　　　统计资料

　　　　综合性统计报告、月报、年报等入此。专科统计资料入有关各类。

　　　　如愿集中于此者，可采用冒号组配编号法。

C91　　社会学

[C911]　社会发展和变迁

　　　　宜入 K0。

C912　　社会结构和社会关系

　　　　公共关系、社会交际、人类社会学、社会心理、社会行为、社会舆论、区域社会学（包括城市社会学）等入此。

————————

C913/916（类目复分仿分规定）

　　　　如有必要，可依世界地区表分，中国再依中国地区表分。

C913　　社会生活、社会问题、社会保障

　　　　包括各国概况。残疾人生活等其他社会问题入此。

C913.1　恋爱、家庭、婚姻

　　　　家庭学、家庭社会学、婚姻社会学、性学总论、性社会学等入此。

C913.2　职业

　　　　职业社会学、工作社会学、就业与失业问题等入此。

C913.3　生活与消费

　　　　日常生活社会学、闲暇社会学、住宅社会学、公共交通社会学、生活日用品供应与消费等入此。

C913.4　　文教、卫生

　　　　互联网的社会问题
（如网瘾）入此。

C913.5　　青年生活及问题

　　　　参见 D43。

C913.59　　少年儿童生活及问题

　　　　参见 D439。

C913.6　　中、老年人生活及问题

　　　　总论入此。

　　　　老年卫生与保健入
R16；老年病学入 R59。

C913.68　　妇女生活及问题

　　　　参见 D44。

C913.7　　贫困与社会福利、社
会救济、社会保障

　　　　社会优抚、红十字会、
孤儿院、基金会、慈善事
业等入此。

　　　　社会保险入 F84。

　　　　世界各国人民生活贫
困状况入 F11/17 有关
各类，如愿集中于此，可
依世界地区表分。

C916　　社会工作、社会管理、
社会规划

　　　　包括世界各国社会工作。
社会政策与管理、社会个案
工作、团体工作、社会服务、
社区公共服务、非营利组织
的社会工作等入此。

C92　　人口学

　　　　世界各国人口问题研究、人
口调查、人口统计计划生育研

究等入此。

　　　　节制生育方法入 R169。

C93　　管理学

　　　　咨询学等入此。专科业务
管理入有关各类。

C931　　管理技术与方法

　　　　办公室工作、文书学、秘
书学、文书工作、秘书工作、
管理信息系统、管理工作自
动化等入此。

C933　　领导学

　　　　领导哲学、领导心理学入
此。

C934　　决策学

　　　　战略学，谋略理论，选择
学，效用理论，决策行为，决
策的可行性分析、定性定量
方法，决策模型以及决策的
预测、推论判断等入此。

C936　　管理组织学

　　　　管理社会学、管理行为、
组织结构和职位设计、对个
人和集体的激励、岗位责任
制等入此。

［C94］　　系统科学

　　　　宜入 N94。

C95　　民族学、文化人类学

　　　　民族理论问题研究、民族社
会学、世界民族研究及兼论民
族与种族的刊物入此。

　　　　专论种族（人种学）的刊物入
Q98；民族史志专刊入 K1/7。

　　　　各国民族概况与民族工作

入 D6/7 有关各类,如愿集中于此者,可依世界地区表分。

C96　人才学

人才的本质、要素及其社会历史,人才成长,人才教育、考核、分类测评等入此。专论某种事业干部的人有关各类。

C97　劳动科学

劳动社会学,劳动计量学,职业培训制度、机构、评估,职业技能标准、考核与鉴定等入此。

D　政治、法律

总论政治以及兼论政治与法律的刊物入此。

法律入 D9。

D0　政治学、政治理论

兼论政治、经济理论的刊物入此。政治哲学,政治社会学、政治文化学、环境政治学等入此。

政治时事入 D5。

D0-0　科学社会主义理论(总论)

D01　阶级、阶层理论

关于阶级分析、阶级立场的刊物入此。

D03　国家理论、国家行政管理

国家政治制度、国家体制、行政学、公安学、警察学、市政学等入此。

各国国家行政管理入 D6/7。参见 D63。

D05　政党、政治团体

一般性论述入此。政党、政治团体的社会活动、社会

调查等亦入此。

专论共产党入 D1/3 有关各类;各国政党入 D6/7 有关各类。

D06　民族独立、殖民地问题

民族解放、民族自决、民族平等、民族团结等问题入此。

民族学入 C95。专论各国民族问题、民族政策入 D6/7 有关各类。

D08　其他政治理论问题

D1　国际共产主义运动

国际共产主义运动史入此。

D2　中国共产党

D20　建党理论

党中央和地方各级组织刊行的有关党的理论等方面的刊物入此。

D22　党的组织、会议及其文献
D23　党史
D235　党的地方组织史
D26　党的建设
D261　思想建设

党员训练班、学习班、读书班,党员课本,党员学习资料等入此。

D262　组织建设

有关支部生活、支部活动、党员学习的刊物入此。

D267　党的基层工作
D29　中国共产主义青年团

中国共产主义青年团各级组织的机关刊物入此。

青年和团员学习与生活问题研究入 D43。

参见 D432。

D3　外国共产党

有关外国共产党的评论研究、组织活动等的刊物入此。

D4　工人、农民、青年、妇女运动与组织

关于世界各国工、农、青、妇的综合研究、组织活动等问题的刊物入此。

社会生活等问题入 C913 有关各类。

D41　工人运动与组织

工会工作入此。

D412　中国工人运动与组织

工人运动概况入此。

D42　农民运动与组织

D43　青年、学生运动与组织

参见 C913.5、G41。

D432　中国青年、学生运动与组织

青年、学生运动概况入此。

参见 D29。

D439　少年、儿童运动与组织

少年队刊物入此。

面向中小学生,配合学校教育的刊物入 G635 和 G625;学龄前儿童阅读的刊物入 G615。

参见 C913.59。

D44　妇女运动与组织

妇联工作入此。

参见 C913.68。

D442　中国妇女运动及组织

妇女运动概况入此。

D5　世界政治

世界政治与时事、国际形势等入此。

国家行政研究入 D03;国际关系、国际组织入 D81;民族研究入 C95;社会结构与社会关系、社会生活与社会问题、社会工作研究等入 C91 有关各类。

D6　中国政治

D60　政策、政论

政治活动家论刊,海内外对中国综合性评论等入此。

中国共产党的领导人论刊入 D2。

D61　社会主义革命和建设问题

D610　中国革命和建设的理论体系

中国特色社会主义理论体系入此。

D613　革命统一战线

党的统一战线入此。

D62　政治制度与国家机构

全国人民代表大会、政治协商会议、国务院等的专刊入此。

D624　地方各级人民代表大会

D625　　　　地方各级人民政府

D628　　　　地方各级政治协商
　　　　　　会议

D63　　　　国家行政管理
　　　　　国家公共管理等入此。
　　　　　参见 D03。

D63-3　　　公共管理与政府管
　　　　　　理方法
　　　　　　公共政策管理、政府
　　　　　　管理信息化建设等入
　　　　　　此。

D630　　　　国家机关工作与人
　　　　　　力资源管理

D630.8　　　公共安全管理
　　　　　　公共危机(应急)管理
　　　　　　等入此。

D630.9　　　监察、监督
　　　　　　廉政建设、反腐倡廉，
　　　　　　总论纪检、监察工作等
　　　　　　入此。
　　　　　　专论党的监察工作入
　　　　　　D26。

D631　　　　公安工作、警察工作

D631.3　　　治安保卫工作、保
　　　　　　密工作
　　　　　　刑事侦查与犯罪
　　　　　　对策入 D918；劳动教
　　　　　　养、劳动改造制度与
　　　　　　工作入 D926。

D631.5　　　交通管理

D631.6　　　消防工作
　　　　　　消防技术与设备、

　　　　　市政消防入 TU998；
　　　　　森林防火入 S76。

D632　　　　民政工作
　　　　　　福利、救灾、信访等入
　　　　　　此。
　　　　　　残疾人问题入 C913。

D633　　　　民族事务
　　　　　　总论中国民族概况、民
　　　　　　族工作等的刊物入此。
　　　　　　民族史志专刊入 K28。
　　　　　　见 C95 注。

D634　　　　华侨事务
　　　　　　总论华侨概况、华侨
　　　　　　研究、华侨史志等的刊
　　　　　　物入此。
　　　　　　华侨史志专刊入 K28。

D635　　　　宗教事务
　　　　　　中国宗教政策、宗教
　　　　　　概况、宗教团体等入此。
　　　　　　见 B92 注。

D638　　　　基层群众自治工作
　　　　　　论述群众自治组织的
　　　　　　体制、工作方法、工作管
　　　　　　理，村民自治，居委会等
　　　　　　入此。

D64　　　　思想政治教育和精神
　　　　　　文明建设
　　　　　　政治思想工作研究、政治
　　　　　　理论教育、精神文明教育等
　　　　　　入此。
　　　　　　参见 G41。

D66　　　　民主党派、社会政治团体
　　　　　　各民主党派的机关刊物

入此。

[D669] 社会生活、社会问题、社会保障、社会工作

宜入 C913；专论社会工作宜入 C916。

D67 地方政治

地方政治公报、市政公报等入此。

依中国地区表分。

D69 政治制度史

1949 年以前（包括民国时期）的政治刊物入此。

────────

D73/77 各国政治

如需细分，可依世界地区表分。

D73 亚洲各国政治

总论亚非拉地区政治的刊物入此。

D74 非洲各国政治

D75 欧洲各国政治

D76 大洋洲各国政治

D77 美洲各国政治

D8 外交、国际关系

D81 国际关系

国际问题研究、国际事务、国际组织、联合国等入此。

D82 中国外交、对外关系

D83 亚洲各国外交、对外关系

D84 非洲各国外交、对外关系

D85 欧洲各国外交、对外关系

D86 大洋洲各国外交、对外关系

D87 美洲各国外交、对外关系

D9 法律

D90 法律理论（法学）

总论政治与法律、比较法学、法的历史类型、法系、法学史、法律思想史等的刊物入此。例：《政治论坛——中国政法大学学报》入 D90-031。

D91 法学各论

应用法学入此。

D911 国家法、宪法

公民基本权利和义务、国家机构组织法、选举法、国旗法、国徽法、国家赔偿法、地方自治法等入此。

国籍法入 D99。

D912.1 行政法

行政行为法，行政监督法，国防军事管理法，外事管理法，公安管理法，侨民、民族、宗教事务管理法，文教、卫生管理法，科学技术管理法，公用事业管理法，民政和社会福利事业管理法等入此。

D912.2 财政法

D912.28 金融法

银行法，信托、信贷法，保险法，货币法，外汇管

理法,证券法等入此。

D912.29　经济法
　　宏观调控法、市场管理法、涉外经济管理法、交通运输经济和通信经济管理法、基本建设管理法等入此。

D912.3　土地法、房地产法
　　地籍管理、土地调查、土地登记、土地改革、土地所有权和使用权、物业、住房管理、房地产开发项目管理、房地产交易、房地产权属登记等法入此。

D912.4　农业经济管理法
D912.5　劳动法、社会保障法
D912.6　自然资源与环境保护法
D912.7　人权法
　　未成年人保护法、青少年法、老年人权益保护法、妇女权益保护法、残疾人权益保护法等入此。

D912.8　传媒法、信息法
　　新闻、出版、广播、电视、互联网等知识与信息传播的法规入此。

D913　民法
　　物权法、债权法、继承法、合同法、侵权法、民商法、知识产权问题研究等入此。

D913.9　亲属法

婚姻家庭法入此。

D913.99　商法
　　企业法、公司法、海商法等入此。
　　国际海商法入D99。

D914　刑法
D915　诉讼法
　　诉讼程序、诉讼制度以及民事诉讼法、刑事诉讼法、行政诉讼法、仲裁法等入此。

D916　司法制度
　　司法行政、法院、检察院、司法监督、律师制度与事务、公证制度与事务、监狱制度、劳动教养制度、劳动改造制度与工作等入此。

D917　犯罪学
　　犯罪因素、预防与治理,各犯罪类型等入此。

D918　刑事侦查
　　犯罪同一认定、侦查方法、预审等入此。

D918.9　司法鉴定
D919　法医学

D92/97 各国、各地区法律
　　包括某国、某地区法律、法制及其评论、研究。
　　专论某一种法的专刊入D91有关各类。

D92　中国法律

D926	司法制度	公民基本权利和义务、国家机构组织法、选举法、国旗法、国徽法、国家赔偿法、地方自治法等入此。

D926　司法制度
　　见 D916 注。

D927　地方法制
　　地方法规入此。

D93　亚洲各国法律

D94　非洲各国法律

D95　欧洲各国法律

D96　大洋洲各国法律

D97　美洲各国法律

D99　国际法
　　国际公法、私法、商法、海洋法、区际私法（冲突法）以及国际法制、仲裁、国籍法等研究入此。

DF　法律
　　应用法学入此。
　　本表供法律专业单位选用。

DF0　法律理论（法学）
　　总论政治与法律、比较法学、法的历史类型、法系、法学史、法律思想史等的刊物入此。例：《政治论坛——中国政法大学学报》入 DF0-031。

DF1　各国、各地区法律（总论）
　　各国、各地区法律，法制及其评论、研究等入此。
　　专论某一种法的专刊入 DF2/9。
　　如需细分，可依世界地区表分。

DF2　国家法、宪法

　　公民基本权利和义务、国家机构组织法、选举法、国旗法、国徽法、国家赔偿法、地方自治法等入此。
　　国籍法入 DF9。

DF3　行政法
　　行政行为法，行政监督法，国防军事管理法，外事管理法，公安管理法，侨民、民族、宗教事务管理法，文教、卫生管理法，科学技术管理法，公用事业管理法，民政和社会福利事业管理法等入此。

DF41　经济法
　　宏观调控法、市场管理法、涉外经济管理法、交通运输经济和通信经济管理法、基本建设管理法等入此。

DF43　财政法

DF438　金融法
　　银行法，信托、信贷法，保险法，货币法，外汇管理法，证券法等入此。

DF45　土地法、房地产法
　　地籍管理、土地调查、土地登记、土地改革、土地所有权和使用权、物业、住房管理、房地产开发项目管理、房地产交易、房地产权属登记等法入此。

DF46　自然资源与环境保护法

DF47　劳动法、社会保障法

DF48　　人权法

　　　　未成年人保护法、青少年法、老年人权益保护法、妇女权益保护法、残疾人权益保护法等入此。

DF49　　传媒法、信息法

DF5　　民法

　　　　物权法、债权法、继承法、合同法、侵权法、民商法、知识产权问题研究、婚姻法等入此。

DF6　　刑法

DF7　　诉讼法

DF79　　犯罪学、刑事侦查、司法鉴定

　　　　犯罪成因与预防、犯罪认定与侦查、预审与司法鉴定等入此。

DF795　法医学

DF8　　司法制度、司法工作

　　　　司法行政、法院、检察院、司法监督、律师制度与事务、公证制度与事务、监狱制度、劳动教养制度、劳动改造制度与工作等入此。

DF9　　国际法

　　　　国际公法、私法、商法、海洋法、区际私法（冲突法）以及国际法制、仲裁、国籍法等研究入此。

E　　军事

E0　　军事理论

　　　　军事学术入此。总论军事科学、防务科学的刊物亦入此。

E09　　军事学史、军事思想史

E1　　世界军事

　　　　总论世界各国军事与国防建设、军事制度、军事组织与活动、军事装备工作、后方勤务、作战指挥等的刊物入此。

　　　　世界军事评论入此；某一国家或地区的军事专刊入 E2/7；某一军种的专刊入 E15 有关类目。

E15　　各种武装力量（各军、兵种）

　　　　陆军、海军、空军、战略导弹部队、天军（航天部队）、特种部队、武警部队、民兵、预备役部队、地方武装、合成部队等入此。

E19　　军事史（战史、建军史）

　　　　世界各国军事史、战史入此。

　　　　军事学术史、军事思想史研究入 E09。

E2　　中国军事

　　　　见 E1 注。

E22　　政治工作

　　　　军队思想教育、宣传、文化、组织管理、军民关系，对敌军政治工作，俘虏管理等工作入此。

E23　　后方勤务

　　　　后勤组织机构、行政管理

等入此。

E24　　军事装备工作

　　军事装备管理、科研、输入与输出、交流与合作、保障等入此。

E25　　国防建设与战备

　　国防建设理论,国防建设现代化、信息化建设等入此。

[E27]　各种武装力量(各军、兵种)

　　宜入 E15。

E289　　地方军事

　　如需细分,可依中国地区表分。

[E29]　军事史(战史、建军史)

　　宜入 E19。

―――――――――

E3/7　各国军事

　　见 E1 注。各国各种武装力量(各军,兵种)入 E15。

　　如需细分,可依世界地区表分。

E3　　亚洲各国军事

E4　　非洲各国军事

E5　　欧洲各国军事

E6　　大洋洲各国军事

E7　　美洲各国军事

E8　　战略学、战役学、战术学

　　信息战、气象战、声学战等高技术战争,非常规战争,军事情报与侦察,古代兵法战法等入此。

E9　　军事技术

E91　　军事技术基础科学

E92　　武器、军用器材

　　射击学,各军兵种的武器使用、训练、维修(包括火箭、导弹、声学武器、气象武器),原子、光学、化学、生物武器及其防御等入此。

　　总论军工(兵工)技术的刊物入 TJ。

E94　　军事指挥信息系统

　　总论入此。总论 C3I、C4I 等系统入此。

E95　　军事工程

　　各军兵种建设工程、防空工程、战略导弹军事工程等入此。

E96　　军事通信

　　军用通信技术入此。

E99　　军事地形、地理

[E992]　军事测绘学

　　宜入 P2。

F　经济

F0　　经济理论

　　政治经济学、西方经济学、经济学基本理论、各种生产方式、对各经济学派的研究、各国各时代经济思想史等入此。

F06　　经济学分支科学

　　区域经济学、生态经济学、科技经济学等入此。

F1　　　世界及各国经济

F11　　　世界经济

> 世界经济概况、国际经济关系、经济调查与统计、经济评论、经济问题等入此。
>
> 经济地理入 F119.9；自然资源调查、考察入 N8。

F116　　国际经济组织与会议

> 全球性经济组织与会议入此。如：世界经济论坛、亚太经合组织（APEC）、东亚—拉美合作论坛、国际性经济展览会等入此。
>
> 专业性国际经济组织入 F3/8 有关各类。

F119　　世界经济史

> 包括各国经济史。经济史学入此。

F119.9　世界经济地理

> 包括各国经济地理。经济地理学入此。

F12　　　中国经济

> 总论入此；有关中国各种经济成分、对外经济关系、人民经济生活状况等的刊物入此。
>
> 中国各部门经济入 F2/8 有关类目。
>
> 如需细分，可依中国地区表分。

F121　　社会经济结构与体制

> 经济体制改革、产权

制度等入此。

F123　　国民经济发展计划、规划及市场经济与体系

> 国民经济发展趋势与预测等入此。

F124　　经济建设和发展

> 技术发展与创新、技术引进、技术转让、高新技术开发、专业化与协作、资源开发与利用等入此。

F127　　地方经济

> 地方经济概况、经济建设成就、经济发展计划、经济调查研究和有关跨省市经济、区域经济、流域经济、特区经济、少数民族经济、经济技术开发区等入此。
>
> 依中国地区表分。

[F129]　　中国经济史

> 宜入 F119。

[F129.9]　中国经济地理

> 宜入 F119.9。

F13/17 各国经济

> 如需细分，可依世界地区表分。

F13　　　亚洲各国经济

F14　　　非洲各国经济

F15　　　欧洲各国经济

F16	大洋洲各国经济
F17	美洲各国经济
F2	经济管理
F20	国民经济管理

国民经济宏观管理理论,国民经济管理学,行业管理,工商行政管理,资源、能源、环境和生态管理,涉外经济管理等入此。总论国有资产监督、管理与评估亦入此。

企业管理理论入 F272。

| F21 | 经济计划与规划 |
| F22 | 经济计算、经济数学方法 |

经济核算、经济统计等入此。

| F23 | 会计学 |

总论及各种专业会计、应用会计均入此。

| F239 | 审计 |

总论及各种专业审计、应用审计、各国审计工作等入此。

| F24 | 劳动经济 |

劳动经济学、劳动力、劳动生产率、劳动组织与人力资源管理等入此。

劳动保护(安全科学)入 X9。

| F249 | 世界各国劳动经济概况 |

世界各国人力资源概况入此。

| F25 | 物流经济 |

物资经济、物资管理、物流管理与市场、第三方物流与企业等入此。

各专类物流经济入有关各类,如愿集中于此者,可采用冒号组配编号法。例:《铁道物流科学管理》编号为 F25：U2。

| F259 | 世界各国物流经济 |
| F26 | 产业经济 |

总论入此。产业经济理论、产业的政府规制、产业集群、产业结构与分类、各国产业经济概况等入此。

专论某产业或行业经济入部门经济有关各类。

| F27 | 企业经济 |

企业经济理论与方法、企业体制、企业营销与资本运营等入此。

| F272 | 企业管理(总论) |

企业文化管理理论、企业管理理论、企业知识管理、企业现代化管理、企业行政与人力资源管理等入此。

| F273 | 企业生产管理 |

生产计划、生产组织、生产流程研究、工厂建设、产品管理等入此。

| F276 | 各种企业经济 |

国有企业经济、合作经济、中小型企业、乡镇企业、联合企业经济、高

新技术企业经济、民营
企业、各类型公司、跨国
企业等入此。

F279　　　世界各国企业经济

各国企业管理、各种
企业经济等入此。

F279.2　　中国

F28　　　基本建设经济

F29　　　城市经济

城镇形成发展与管理、城
镇经济、城镇公用事业建设
与基础设施管理等入此。

城市学入 C912。

F293　　　城市土地经济、房地
　　　　　产经济

住宅经济、城市土地
开发与利用、物业管理
等入此。

总论土地经济入 F30。

F299　　　世界各国城市经济、
　　　　　房地产经济

F3　　　农业经济

F30　　　农业经济理论

总论入此。农村经济工
作,观光农业、休闲农业等
农业经济经营模式入此。

国土经济理论入 F20。

F31　　　世界农业经济概况

F316　　　农业部门经济

世界各国的各种农产
品产销概况入此。

F316.1　　　种植业

粮食作物、经济作
物、园艺作物等的种
植业入此。

F316.2　　林业

总论山区开发的刊
物入此。林业经济政
策、林业经济概况、林
业建设与发展、林业
企业组织、林业经济
史等入此。

F316.3　　畜牧业、饲养业

畜牧副产品经济亦
入此。

F316.4　　渔业、水产业

F316.5　　农家副业、农产品
　　　　　加工工业

农村生产服务业
等入此。

F32/37　　各国农业经济概况

农业各部门经济入 F316
有关各类。

依世界地区表分,中国再
依中国地区表分。

F4　　工业经济

F40　　工业经济理论

总论入此。

F41　　世界工业经济概况

F416　　工业部门经济

总论材料工业,制造
业,世界各国工业产品
产销概况等入此。

F416.1　　地质、矿业

F416.2　　　能源工业、动力工业

　　　　　　煤炭工业、石油工业、天然气工业、核能工业等入此。

　　　　　　电力工业入 F416.6。

F416.3　　　冶金工业

　　　　　　钢铁工业、有色金属冶金工业入此。

F416.4　　　金属加工工业、机械工业

　　　　　　总论机电工业经济的刊物入此。仪器仪表工业、铁路运输机械工业、公路交通运输机械工业、船舶工业、武器工业等入此。

F416.5　　　航空、航天工业

F416.6　　　电气工业、电信设备、计算机制造业

　　　　　　电力工业、家电工业等入此。

F416.7　　　化学工业

　　　　　　石化工业、制药工业、日用化工工业等入此。

F416.8　　　轻工业、手工业

　　　　　　纺织工业、印染工业、食品工业、制盐工业、烟草工业、皮革工业、木材加工工业、家具制造工业、造纸业、印刷工业、服装工业、

制鞋工业等入此。

F416.9　　　建筑工业、水利工程

　　　　　　建筑材料工业入此。

F42/47　　　各国工业经济概况

　　　　　　工业各部门经济入 F416 有关各类。

　　　　　　依世界地区表分,中国再依中国地区表分。

F49　　　　信息产业经济

　　　　　　总论电子信息传输服务业、互联网信息服务业、计算机服务与软件业等入此。网络经济入此。

F5　　　　　交通运输经济

　　　　　　交通运输经济理论、世界各国交通运输经济等入此。

　　　　　　专论世界各国某种交通运输经济入 F53/57 有关各类。

F53　　　　铁路运输经济

F54　　　　陆路运输经济

F55　　　　水路运输经济

F56　　　　航空运输经济

F57　　　　城乡交通运输

　　　　　　城市与农村交通运输经济入此。

F59　　　　旅游经济

　　　　　　旅游经济理论、旅游事业的组织与管理、总论世界旅游业等入此。

　　　　　　旅游地理入 K9;饮食业、饭店、旅馆、理发美容业、洗染业等经营管理专刊入 F719。

F592	中国旅游业
F593	亚洲各国旅游业
F594	非洲各国旅游业
F595	欧洲各国旅游业
F596	大洋洲各国旅游业
F597	美洲各国旅游业
F6	邮电通信经济
F61	邮政

集邮入 G262。

F62	电信

电信业规划、建设、市场、服务，电信运营商、电信网络服务商、电信工程企业、电报企业、无线电通信企业等各类型电信企业的组织和经营管理入此。

F63	世界各国邮电通信经济
F7	贸易经济
F71	国内贸易

贸易经济理论、商业技术与设备、商业工作者等入此。

F713	商品流通与市场

商品流通渠道、采购、收购、商品交易中介、会展经济等入此。

F713.3	商品销售

销售技术与手段（铺货、促销）、期货贸易、拍卖、电子商务、销售代理等入此。

期货金融入 F830；国际贸易代理入 F74。

F713.5	市场与营销

市场调查、商情分析、顾客心理、消费者行为分析、各类型市场营销管理等入此。

F713.8	广告

广告策划与制作、广告管理、展会设计、广告营销等入此。

F714	商品价格与流通费用
F715	商业企业组织与管理
F717	各种商业企业

供销合作社、集体商业等入此。

F719	商业服务业

有关饮食业、饭店、旅馆、理发美容业、洗染业、娱乐业、博彩业、彩票业、婚丧、中介等其他生活服务业等经营管理的专刊入此。

参见 TS975。

F72	中国国内贸易
F723	市场

市场营销、市场调查等入此。

F724	商品流通

各类商品贸易、城乡贸易、集市贸易、电子商务、拍卖等入此。

F726	物价

商品行情入此。

专论各种商品的物价

— 17 —

入有关各类。例:农产品价格为 F316。

F726.9　　商业服务业

见 F719 注。

F727　　地区贸易经济

F73　世界各国国内贸易

中国国内贸易经济入 F72。总论世界各国贸易经济入 F74。

F733　　亚洲各国国内贸易

F734　　非洲各国国内贸易

F735　　欧洲各国国内贸易

F736　　大洋洲各国国内贸易

F737　　美洲各国国内贸易

F74　国际贸易

总论世界各国贸易经济的刊物入此。

F75　各国对外贸易

各外国对外贸易入此。

如需细分,可依世界地区表分。

F752　　中国对外贸易

F76　商品学

商品目录、商标、商品检验、商品保管存储等入此。

商品包装入 TB48。

F762　　农产品

粮食、园艺作物、畜牧产品、水产品、土特产等入此。

F763　　医疗用品、医药品

F764　　工业产品

燃料工业产品、冶金工业产品、金属加工产品、电工器材、无线电电子产品、武器工业产品等入此。

F765　　建筑器材

F766　　交通运输器材

F767　　化学工业产品

化学肥料、农药等入此。

F768　　轻工业产品

纺织品、食品、文化用品、工艺美术制品等入此。

F769　　其他产品

F8　财政、金融

F81　财政

包括各国国家财政、债券、税收、海关等。

F810　　财政理论

税收制度、管理等入此。

F812　　中国财政

F812.4　　财政收入、支出

税收、社会保险基金收入等入此。

F812.7　　地方财政

依中国地区表分。

F82　货币

F83　金融、银行

包括银行业务、储蓄、信贷、投资、信托、金融市场、证券交易、股票、对外金融关系、汇兑、外资利用。

F830　　金融、银行理论

F831　　　　世界金融、银行

F832　　　　中国金融、银行

　　　　　　　城乡金融组织亦入此。

F832.48　　投资

F832.5　　　金融市场

　　　　　　　经纪人，证券、外
　　　　　　　汇、期货、黄金、金融
　　　　　　　衍生品市场入此。

F832.7　　　地方金融事业

F833　　　　亚洲各国金融、银行

F834　　　　非洲各国金融、银行

F835　　　　欧洲各国金融、银行

F836　　　　大洋洲各国及太平
　　　　　　　洋岛屿金融、银行

F837　　　　美洲各国金融、银行

F84　　　　保险

G　文化、科学、教育、体育

G0　　　　　文化理论

　　　　　　　总论文化、文化工作及文教
　　　　　　　事业的刊物入此。

G1　　　　　世界及各国文化事业

G11　　　　世界文化事业

　　　　　　　文化专题研究、文化产业、
　　　　　　　文化市场、文化遗产保护、非
　　　　　　　物质文化遗产研究、网络文
　　　　　　　化、文化事业史等入此。

G12　　　　中国文化事业

G122　　　　文化专题研究

　　　　　　　涉及多专题文化研

究、文化遗产保护、总论
非物质文化遗产研究
（如遗产普查、抢救与保
护）、网络文化等入此。

　　　各专题文化研究的刊
物入有关各类。例：饮食
文化（茶文化、酒文化）入
TS971。

　　　如愿集中于此者，可用
组配编号法。例：中国饮
食文化为 G122：TS971。

G125　　　　对外文化交流

G127　　　　地方文化与文化事业

G13　　　　亚洲各国文化事业

G14　　　　非洲各国文化事业

G15　　　　欧洲各国文化事业

G16　　　　大洋洲各国文化事业

G17　　　　美洲各国文化事业

G2　　　　　信息与知识传播

G20　　　　信息与传播理论

　　　　　　　总论信息论、信息学、信息
　　　　　　　技术、信息管理等刊物入此。
　　　　　　　专论入有关各类。例：信
　　　　　　　息学（情报学）入 G25；信息
　　　　　　　论（数学理论）入 O23；新闻
　　　　　　　媒体入 G21。

G206　　　　传播理论

　　　　　　　传播学、传播媒介、大
　　　　　　　众传播、组织传播、网络
　　　　　　　传播等刊物入此。

G209　　　　传播业

　　　　　　　总论入此，专论入有关各类。

G21	新闻业

新闻学、新闻工作、总论各种新闻媒体的刊物入此。

G212	新闻采访和报道
G214	新闻工作者

编辑、记者、通讯员等入此。

专论广播、电视工作者入 G22。

G219	世界各国新闻业
G219.2	中国

中央或地方或专业报业集团、报社等新闻工作入此。

G22	广播、电视业

广播、电视工作的组织管理,广播电视节目编播工作,各国各地区广电业等入此。

广播电视技术与设备入 TN93。

G23	出版业

书刊、电子出版物等各类型文献的编辑出版与发行等入此。

G232	编辑工作
G236	书刊宣传、评介

出版发行工作中的书刊宣传、评论、展销等入此。

参见 G256。

G239	世界各国出版业
G24	群众文化业

文化宫、俱乐部、少年宫、游乐园、公园、歌舞厅等文化娱乐活动入此;兼收文艺演唱材料的刊物亦入此。

文艺演唱材料专刊入 I219。

G25	图书馆事业、信息事业
G250	图书馆学、情报学
G250.1	图书馆学
G250.2	情报学

信息计量学、专科情报学(专科信息学)等入此。

G251	图书馆管理、信息工作管理

图书馆管理学入此。

情报工作体制、组织入此。

G252	信息资源服务

读者工作、情报资料的利用等入此。

G255	各类信息资源工作及研究

信息资源建设、信息组织、知识组织、信息检索的研究,信息采集、编目、保管、开发和利用等入此。

G256	文献学、图书学

文献、图书的研究、宣传与评论入此。

书讯入 G236;发行目录入 Z85。

G257　　　目录学

G258　　　各类型图书馆、信息
　　　　　机构
　　　　　　高等学校图书馆、高
　　　　　等学校信息中心、少年
　　　　　儿童图书馆等入此。

G258.9　　图书馆、信息机构建
　　　　　筑和设备
　　　　　　文献复制方法和设备
　　　　　入此。

G259　　　世界各国图书馆事
　　　　　业、信息事业

G259.2　　中国

G26　　　博物馆事业
　　　　　　文物工作,文物考古、鉴
　　　　　定入 K85。

G262　　　藏品的采集、征集、
　　　　　鉴定
　　　　　　包括私人藏品的采
　　　　　集、鉴定。书画、钱币、
　　　　　邮票、票证、玉石、珠宝、
　　　　　陶瓷、器皿、文房四宝、
　　　　　兵器等各类藏品及文物
　　　　　的收藏入此。

G269　　　世界各国博物馆事业

G27　　　档案事业
　　　　　　档案学、档案工作等入此。

G279　　　世界各国档案事业

G3　　　科学学、科学研究

G30　　　科学研究理论
　　　　　　科学学、知识学、未来学、
　　　　　创造学以及专利与技术标

准的理论、制度、各国工作
概况等的研究入此。
　　　关于知识产权问题的研
究入 D913。专利文献、技
术标准文献入有关各类。

G31　　　科研工作
　　　　　　科研工作组织与管理、科
　　　　　学研究机构的工作组织、科
　　　　　研管理、科研基金等入此。

G32　　　世界各国科学研究工
　　　　　作与组织
　　　　　　科学研究机构等入此。

G4　　　教育
　　　　　　总论各级各类教育的刊物
　　　　　入此。

G40　　　教育学
　　　　　　总论入此。教育理论、教
　　　　　育思想等入此。

G40-012　全面发展教育
　　　　　　总论人文教育、素质
　　　　　教育入此。

G40-05　　教育与其他科学的
　　　　　关系、教育学分支

G41　　　思想政治教育、德育
　　　　　　总论学校政治思想教育
　　　　　工作的刊物入此。
　　　　　　参见 D64、D43。

G42　　　教学工作
　　　　　　教学改革入此。

G424　　　教学法和教学组织
　　　　　　学绩管理和考试等入
　　　　　此。

G43 电化教学

  视听教学及广播、电视教学、计算机化教学等入此。

G44 教育心理学

G45 教师与学生

G46 教育行政

  教育行政机关、教育科研管理、教育视导、教育财政、教育调查、统计等入此。

G47 学校管理

  各级各类学校管理入G61/76。

G48 学校建筑和设备的管理

G51 世界教育事业

  教育政策、教育改革与发展、教育制度、教育组织与活动、教师与学生状况、教育史等入此。

G52 中国教育事业

G53 亚洲各国教育事业

G54 非洲各国教育事业

G55 欧洲各国教育事业

G56 大洋洲各国教育事业

G57 美洲各国教育事业

G61 学前教育、幼儿教育、儿童教育

  胎教的理论与方法、幼儿园管理等入此。

G613 各科教育

  各科教学及教学辅导入此。

  关于玩具的专刊入

TS958。

G615 教师与学生

  面向学龄前儿童,配合幼儿教育的刊物入此。

G62 初等教育

  总论基础教育、普通教育的刊物入G63。

G623 各科教育

  包括各科教学、教学辅导、学习参考。

G623.1 政治

  思想品德课入此。

G623.2 汉语语文

  阅读课、作文课等入此。

  参见H19。

G623.3 外语

G623.4 历史、地理

G623.5 数学、自然常识

G623.58 计算机

G623.8 美术、音乐、体育、游戏

G623.9 其他

G625 教师与学生

  面向小学师生、配合学校教育的刊物入此。

  少先队刊物入D439。

[G627] 学校管理

  宜入G637。

G63 中等教育

  总论基础教育、普通教育、中小学教育的刊物入此。

G633　　各科教育

　　　　　　包括各科教学法、教学辅导、学习参考。

G633.2　政治

G633.3　汉语语文

　　　　　　阅读课、作文课入此；总论文科教学的刊物入此。

　　　　　　参见 H19。

G633.39　中国少数民族语文

G633.4　外语

G633.5　历史、地理

G633.6　数学

　　　　　　总论理科教学的刊物入此。

G633.67　计算机

G633.7　物理

　　　　　　理科课程入此。

G633.8　化学

G633.91　生物、生理卫生、专业技术知识

　　　　　　工农业基础知识、劳动技术知识等入此。

G633.95　美术、音乐、体育

G633.98　其他

G635　　教师与学生

　　　　　　面向中学师生或中小学师生，配合学校教育的刊物入此。

G637　　学校管理

　　　　　　各类型中小学管理入

此。

G64　　高等教育

　　　　　　留学教育、校际合作交流、互派教师及学生等入此。

　　　　　　高等学校刊行的综合性学报入 Z31；专门学科的学报按其内容学科属性入有关类目。例：《陕西师大学报（自然版）》入 N031。

G641　　思想政治教育、德育

G642　　教学理论、教学法

G643　　研究生教育

G645　　教师与学生

　　　　　　大学校园生活入此。

G647　　学校管理

G649　　世界各国高等教育概况

　　　　　　依世界地区表分。

G649.2　中国

　　　　　　学校概况、校史等入此。

G65/75 各类教育

　　　　　　包括各级的各类教育。

　　　　　　凡各类教育的各科教学与辅导的刊物均入有关学科各类。

G65　　师范教育、教师教育

G659　　世界各国师范教育、教师教育概况

　　　　　　依世界地区表分。

G71　　技术教育

总论入此;各门专业教育入有关各类。

如愿集中于此者,可采用冒号组配编号法。例:《护士进修杂志》编号为 G71;R47。

G719 **世界各国职业技术教育概况**

依世界地区表分。

G72 **成人教育、业余教育、职工教育**

G726 **职工教育**

干部教育、企业教育入此。

G728 **函授教育,广播、电视教育**

远程教育入此。

G74 **华侨、侨民教育**

G75 **民族教育**

G76 **特殊教育**

盲人教育、聋哑人教育、情绪与行为障碍儿童教育、智力超常或落后的儿童教育、犯罪青少年教育、工读学校等入此。

G77 **社会教育**

校外教育、社区教育、青少年教育、妇女教育入此。

G78 **家庭教育**

家庭教育心理学、各类型家庭及各类人群的家庭教育方法、家长施教、教子方法等入此。

G79 **自学**

自修、自学方法入此;各类各级自学考试及辅导入此。

G8 **体育**

G80 **体育理论**

运动生理学、体育心理、体育教育、体育训练等理论入此。

G81 **世界各国体育事业**

世界及各国体育运动、运动会以及体育活动的综合报道、体育史、体育教育、训练、体育科研等入此。

单项体育运动入 G82/89。

如需细分,可依世界地区表分。

G82 **田径运动**

G83 **体操运动**

健美运动入此。

G84 **球类运动**

G841 **篮球**

G842 **排球**

G843 **足球**

G845 **网球**

G846 **乒乓球**

G847 **羽毛球**

G849 **其他**

高尔夫球、门球、壁球、保龄球等运动入此。

G85 **武术及民族形式体育**

龙舟竞赛等入此。

G86 **水上、冰上与雪上运动**

G87　**其他体育运动**

有关射击、登山、自行车、车辆模型、航海、航模、滑翔、拳击、击剑、摔跤、举重、极限运动等的刊物入此。

体育舞蹈（国际标准交谊舞）入 J7。

G89　**文娱性体育活动**

总论休闲体育、智力运动项目入此。

群众文化活动入 G24，集邮入 G262。

G891　**棋类**

G892　**牌类**

扑克、桥牌、麻将等入此。

G897　**钓鱼、狩猎运动**

参见 S86。

G898　**游戏**

活动性游戏，智力游戏，网络游戏，电脑、电视游戏，游艺机游戏等入此。

G899　**其他文体活动**

信鸽、斗蟋蟀、斗鸡、斗牛、赛狗等入此。

H　语言、文字

H0　**语言学**

语言学总论入此。比较语言学、语言文字学、词汇学、写作修辞学、翻译学、应用语言学、语文教学研究等入此。

专论某一种语言或文字的

刊物入 H1/9 有关各类。

H1　**汉语**

古代汉语、现代汉语均入此；专业汉语、汉语规范化、普通话、语音、文字、语法、修辞、方言等亦入此。

如需细分，可采用冒号组配编号法。例：《医古文知识》编号为 H1：R2。

H19　**汉语教学**

包括中等以上的少数民族汉语教学、对外汉语教学。

参见 G623.2、G633.3。

H2　**中国少数民族语言**

H3　**常用外国语**

外语的学习与研究入此。见 H1 注。

H31　**英语**

H319　**英语教学**

中小学英语教学、教学辅导、学习参考等入 G61/63 有关各类。

H32　**法语**

H33　**德语**

H34　**西班牙语**

H35　**俄语**

H36　**日语**

H37　**阿拉伯语**

H4　**汉藏语系**

缅甸语、越南语、壮侗语族（侗傣语族）、苗瑶语族等入此。

H5 **阿尔泰语系(突厥-蒙古-通古斯语系)**

　东亚语言、朝鲜语等入此。

H6 **南亚、南印、南岛等语系**

　澳斯特罗-亚细亚语系、达罗毗荼语系、德拉维达语系、马来亚-玻里尼西亚语系、马来语、菲律宾语、东北亚诸语言、高加索系、乌拉尔语系(芬兰-乌戈尔语系)、闪-含语系(阿非罗-亚细亚语系)等入此。

H7 **印欧语系**

　印地语、波斯语、拉丁语、斯拉夫语、波罗的语、日耳曼语、罗马语、希腊语等入此。

H8 **其他语言**

　非洲、美洲、大洋洲诸地方语言入此。

H9 **国际辅助语**

　世界语、国际语等入此。

I 文学

I0 **文学理论**

　文学理论研究、创作方法研究等入此。

I1 **世界文学**

　世界文学综合研究、文学史、文学思想发展史等入此。

I106 **文学评论和研究**

I11 **文学作品**

　多国跨洲各体文学作品入此。

I2 **中国文学**

　见 I1 注。

I206 **文学评论和研究**

　中国文学作品评论研究以及专论某一文学家的刊物入此。总论海外华人文学的评论和研究亦入此。

　一体文学作品与评论研究的刊物入 I22/29。

I21 **文学作品**

　包括各体文学作品的刊物入此。鲁迅著作及研究、各时代作品集亦入此。

　一体文学作品的刊物入 I22/29。

I218 **地方作品综合集**

　关于某一地区的多种文体作品综合性刊物入此。

　某一地区的一种文体作品的刊物入 I22/29 有关各类。

I219 **大众文艺作品集**

I22 **诗歌**

　包括各种诗歌作品及其评论研究。

　民间歌谣专刊入 I27;儿歌专刊入 I28。

I23 **戏剧文学**

　各种戏剧文学剧本及其评论研究入此。

　兼收戏剧文学与戏剧艺术的刊物入 J8。

I235 **电影剧本、电视剧本、广播剧剧本**

电影、电视剧、广播剧剧本及其评论研究入此；电影、电视故事入此。

电影、电视艺术评论、简介、画刊等入J90。

I239　曲艺

弹词、鼓词、河南坠子、琴书、曲词、快书、相声、评书等入此。

I24　小说

故事、传奇入此。

儿童故事专刊入 I28 有关各类。

I247　当代作品（1949 年～）

I247.8　故事、微型小说

儿童故事专刊入I287。

I25　报告文学

传记文学、纪实文学专刊入此。

I26　散文、杂文

学术随笔、科学小品入有关各类。例：科普小品入N49。

I27　民间文学

包括民间歌谣、故事、传说、谜语、笑话、幽默等作品。

I277　当代作品（1949 年～）

I28　儿童文学

I287　当代作品（1949 年～）

小说、故事、童话、寓言、图画故事等儿童作品入此。

I29　少数民族文学

作品综合集入此。

各体文学作品入有关各类。例：少数民族诗刊入 I22。

如愿集中于此，可采用冒号组配法。例：少数民族诗刊为 I29：I22。

I299　宗教文学

I3/7 各国文学

如愿细分，可依世界地区表分。

I3　亚洲各国文学

I4　非洲各国文学

I5　欧洲各国文学

I6　大洋洲各国文学

I7　美洲各国文学

J　艺术

总论文学艺术的刊物入 I。

J0　艺术理论

艺术美学、艺术评论与欣赏、造型艺术理论、美术理论、艺术技法总论入此。

J11　世界艺术

艺术概况、美术概况、艺术史、艺术事业、艺术市场等入此。

J12　中国艺术

J13　亚洲各国艺术

J14　非洲各国艺术

J15　欧洲各国艺术

J16　大洋洲各国艺术

J17　美洲各国艺术

J19　专题艺术与现代边缘艺术

　　　民间艺术、宗教艺术、现代边缘艺术(行为艺术、人体艺术、装置艺术、配置艺术、地景艺术、大地艺术等)入此。

J2　绘画

　　　总论绘画技法入此。

　　　各种画的绘画技法入 J22/28。

J2-39　电子绘画技术

　　　总论电脑绘画及设计入此。

　　　专论入有关各类。例:电脑动画(flash)技法入 J277。

J20　理论

　　　绘画艺术理论、评价与欣赏等入此。

　　　某一种绘画的艺术理论、评价与欣赏入 J22/28。

———————————

J22/28 各种画

　　　包括绘画理论、评论、技法、各国作品等。

J22　中国画

J23　油画

J24　版画

J25　素描、速写

J26　水彩、水粉画

J27　各种用途画

　　　宣传画、漫画、年画、连环画等入此。

J277　动画(卡通)、电脑动画(flash)

J28　其他类型画

J29　书法、篆刻

J3　雕塑

　　　包括理论、技法、各国作品等。

J4　摄影艺术

　　　摄影理论、摄影艺术市场、摄影文化等入此。

　　　综合性、知识性画刊入 Z6。

　　　参见 TB8。

J41　各种摄影艺术

　　　摄影入门、摄影艺术、摄影作品及其评论入此。

J5　工艺美术

　　　工艺美术总论入此。

J51　图案设计

　　　图案学、平面设计、立体设计、色彩设计、各种图案设计等入此。

J52　各种工艺美术

　　　包括各种工艺美术(装饰美术、民间工艺美术、刺绣工艺美术等)的理论、技法与作品。

　　　参见 TU22、TS93。

[J59]　建筑艺术

　　　宜入 TU-8。

J6　音乐

J60　理论

　　　音乐艺术理论、民族音乐、宗教音乐研究,音乐评论与欣赏等入此。

专论入 J62/65 有关各类。音像艺术入 J9。

J62　　器乐

　　　　乐器设计、制造入 TS953。

J64　　声乐、歌曲

J65　　舞蹈音乐、戏剧音乐

　　　　京剧、昆曲、歌舞剧、话剧、地方戏、影视、广播、杂技等音乐入此。

J7　　舞蹈

　　　　舞蹈文化入此。

J8　　戏剧、曲艺、杂技艺术

　　　　戏剧艺术评论、研究,各种戏剧艺术并兼收戏剧文学作品的刊物入此。

　　　　戏剧文学专刊入 I 有关各类。

　　　　如有必要,各国戏剧艺术作品可依世界地区表分,并用()加以标识。

J81　　舞台艺术

　　　　导演学、表演学、舞台技术、剧团组织与管理等入此。

J9　　电影、电视艺术

　　　　音像艺术、幻灯艺术等入此。

　　　　电影、电视技术与设备入 TB8。

J90　　电影、电视评论

　　　　电影电视艺术理论、创作、评论、简介、画刊等入此。

　　　　电影电视文学剧本及其评论研究入 I 有关各类。

J91　　电影、电视艺术与技术

　　　　电影电视表演、导演、演员、美工、化妆等入此。

J93　　电影、电视拍摄艺术与技术

　　　　兼论电影、电视拍摄艺术与技术入此。

　　　　专论拍摄技术入 TB8。

J94　　电影、电视企业组织与管理

　　　　电影流通、放映队、电影院等入此。

J95　　各种电影、电视

K　历史、地理

K0　　史学理论

　　　　史学研究、历史教学、历史研究等入此。

K1　　世界史

　　　　东方学入此。

K2　　中国史

　　　　中国学、汉学研究入此。

K20　　通史

K22　　古代史(约 170 万年前～1840 年)

K25　　近代史:1840～1919 年

　　　　总论近代史、侵华史、旧民主主义革命时期史、半殖民地、半封建社会史等入此。

K26　　近代史:1919～1949 年

　　　　总论 20 世纪、新民主主义革命时期的历史入此。

K27　　中华人民共和国时期(1949 年～)

　　　　总论中国现代史入此。

K28	民族史、华侨史		理、名胜古迹及地理游记。	

K29　　　地方史

K291　　　北京市

K292　　　华北地区

K293　　　东北地区

K294　　　西北地区

K295　　　华东地区

K296　　　中南地区

K297　　　西南地区

K3　　　亚洲各国史

K4　　　非洲各国史

K5　　　欧洲各国史

K6　　　大洋洲各国史

K7　　　美洲各国史

K81　　　传记

　　　　　人物传记、评述入此。

K82　　　中国人物传记

　　　　　传记文学专刊入 I25。

K85　　　文物考古、文物工作

　　　　　考古学等入此。

K87　　　中国文物考古

　　　　　金石学、敦煌学等入此。

K88　　　各国文物考古

K89　　　民俗(风俗习惯)

　　　　　民俗学、世界各国风俗等入此。

K892　　　中国风俗习惯

K9　　　地理

　　　　　包括普通地理、人文地理、历史地理、专类地理、旅游地

　　　　　经济地理入 F119.9；自然地理入 P9。

K91　　　世界地理

K92　　　中国地理

　　　　　区域地理、地理志等入此。

K928　　　专类地理

　　　　　山、水、城市、村落、历史地理、名胜古迹等入此。

K928.9　　　旅游地理、游记

　　　　　旅游地理指南、导游刊物等入此。

K93　　　亚洲各国地理

K94　　　非洲各国地理

K95　　　欧洲各国地理

K96　　　大洋洲各国地理

K97　　　美洲各国地理

N　自然科学总论

N0　　　自然科学理论与方法论

　　　　　总论基础科学和应用科学或兼论技术科学的理论与方法论的刊物入此。

　　　　　学报入 N03。

[N019]　　　法令、法规及其阐述

　　　　　宜入 D9 有关各类。

N03　　　学报

N031　　　大学学报

N07　　　不明的自然现象与事物

　　　　　总论有争议或未经探明的自然现象与事物入此。

专论人有关各类。如:不明飞行物(UFO)入 V1;野人入 Q98;外星人入 Q6。

N09 学史、学术思想史

N1 自然科学概况、现状、进展

预测、展望入此。

如有必要,可依世界地区表分。

N18 专利与发明创造

自然科学领域的专利与创造、发明的综合性报道刊物入此。

创造学以及专利理论、制度、各国概况等的研究入 G30。

N2 自然科学机关、团体、部门、会议工作性刊物

凡这些机构编辑出版的以刊载学术研究论文为主要内容的学报入 N03。

N3 自然科学研究工作及管理

总论自然科学研究工作、测试技术与设施、技术条件、科学技术鉴定、质量管理与评估等的刊物入此。

N33 实验方法与实验设备

N39 信息化建设、新技术的应用

电子技术、计算机技术、网络通信技术在自然科学中的应用,网站建设等入此。

N4 自然科学教育与普及

教育组织、教学法、教学设备、考核、评估、奖励等入此。

N49 知识普及性刊物

N6 自然科学画报

总论入此,专论入有关各类。

[N7] 文献目录、检索类刊物

宜入 Z8 有关类目。

N79 非纸质刊物、视听刊物

总论自然科学的缩微制品、音像制品(声像资料)、电子文献、电子出版物、网络资源等入此。

N8 自然资源调查、考察

自然资源开发与保护入此。

各专业调查、考察入有关各类。

N91 自然研究、自然历史

博物学入此。

N93 非线性科学

总论入此。

专论入有关各类。例:非线性物理学入 O41。

N94 系统科学

总论系统论、控制论、信息论的刊物入此。

参见 O23。

[N99] 信息学(情报学)、科技信息工作(科技情报工作)

宜入 G25。

O 数理科学和化学

O1 数学

古典数学、中国数学、初高等数学、动力系统理论等入此。

O14	数理逻辑、数学基础		材料力学入 TB3。
O15	代数、数论、组合理论	O35	流体力学
O17	数学分析		气体动力学、粘性流体力

O14　数理逻辑、数学基础

O15　代数、数论、组合理论

O17　数学分析

　　函数论、微分方程、积分方程等入此。

O18　几何、拓扑

O21　概率论与数理统计

O22　运筹学

　　规划论、对策论、优选法等入此。

O23　控制论、信息论(数学理论)

　　总论控制论的刊物入此。

　　总论信息论的刊物入G20;专论工程控制论的刊物入 TB1;自动控制理论入 TP1。

　　参见 N94。

O24　计算数学

　　数学模拟入此。

O29　应用数学

　　总论入此。

　　专论入有关各类。例:《农业数学》入 S1。

O3　力学

　　经典力学(牛顿力学)、理论力学(一般力学)、振动理论、连续介质力学(变形体力学)、物理力学、流变学、爆炸力学的刊物入此。

O34　固体力学

　　材料力学入 TB3。

O35　流体力学

　　气体动力学、粘性流体力学等入此。

　　水动力学入 TV1;飞机空气动力学入 V21;航天器空气动力学入 V41。

O39　应用力学

　　总论入此。

　　专论入有关各类。例:《工程力学》入 TB1;《土力学》入 TU4。

O4　物理学

　　无线电物理学、真空电子学(电子物理学)、凝聚态物理学、半导体物理学入此。

　　无线电电子学入 TN01;电真空器件入 TN1;总论半导体理论与半导体技术的刊物入 TN3。

O41　理论物理学

　　相对论、量子论、热力学与统计物理学、非线性物理学、近代物理学等入此。

O42　声学

　　物理声学、次声学、超声学、水声学等入此。

　　生物声学入 Q6;电声学入 TN912;建筑声学入 TU1;医学声学入 R31。

O43　光学

　　光谱学、X 射线、紫外线、红外线、几何光学、物理光

学、非线性光学、信息光学
等入此。

　　应用光学入有关各类。

O44　电磁学、电动力学

O48　固体物理学

O51　低温物理学

O52　高压与高温物理学

O53　等离子体物理学

O55　热学与物质分子运动论

O56　分子物理学、原子物理学

O57　原子核物理学、高能物
　　理学

　　原子能技术入 TL。

O59　应用物理学

　　总论入此。

　　专论入有关各类。例：农
业物理学入 S12。

O6　化学

O61　无机化学

O62　有机化学

O63　高分子化学

O64　物理化学、化学物理学

　　化学动力学、电化学等入
此。

O65　分析化学

　　仪器分析法、元素及化合
物的分离方法等入此。

O69　应用化学

　　总论入此。

O7　晶体学

P　天文学、地球科学

P1　天文学

　　天文台（观象台）、天文观测
设备入此。

P12　天体测量学

P14　天体物理学

　　分子天体物理学入此。

P18　太阳系

　　行星地理学等入此。

P2　测绘学

　　普通测量学、地形测量学、
海洋测量学、工程测量、地籍
学等入此。

P22　大地测量学

　　几何大地测量学、卫星大
地测量（全球定位系统等）、
空间大地测量等入此。

P23　摄影测量学与测绘遥感

　　总论遥感技术入 TP7；摄
影理论与技术入 TB8 有关
各类。

P28　地图制图学（地图学）

　　理论制图学、地图信息传
输入此。

P3　地球物理学

　　理论地球物理学等入此。

P31　大地（岩石界）物理学
　　（固体地球物理学）

　　地热学、地磁学、地电学、
火山学等入此。

P315　地震学

　　地震地质学，地震工

程与震害防御、应急救
援等入此。

P33　　　水文科学(水界物理学)
　　　　　水文地质学入 P64。

P343　　　陆地水文学、水文地
　　　　　理学(水象学)
　　　　　河流学、湖泊学、沼泽
　　　　　学、冰川学(冰、雪水文
　　　　　学)等入此。

P35　　　空间物理
　　　　　参见 P42。

P4　　　大气科学(气象学)
　　　　　大气观测、动力气象学、天
　　　　　气学及天气预报、实用气象学
　　　　　等入此。

P42　　　气象基本要素、大气现象
　　　　　总论气象灾害及其防治
　　　　　入此。
　　　　　参见 P35。

P46　　　气候学
　　　　　物理气候学、动力气候
　　　　　学、各种气候类型等入此。

P5　　　地质学
　　　　　普通地质学、数学地质学等
　　　　　入此。
　　　　　经济地质学入 P61。

P51　　　动力地质学

[P52]　　古生物学
　　　　　宜入 Q91。

P53　　　历史地质学、地层学
　　　　　古地理学入此。

P54　　　构造地质学

P55　　　地质力学

P56　　　区域地质学

P57　　　矿物学

P58　　　岩石学

P59　　　地球化学
　　　　　化学地理学、量子地球化
　　　　　学等入此。

P61　　　矿床学
　　　　　总论入此。
　　　　　专论各种矿的分布、分析
　　　　　入 P618 有关各类;各种矿
　　　　　的开采入 TD82/87;各种矿
　　　　　的选矿入 TD9。

P618　　　矿床分类

P618.1　　煤、石油、天然气
　　　　　等燃料矿床

P618.2　　金属矿床
　　　　　黑色金属、有色金
　　　　　属、贵重金属、稀有金
　　　　　属、稀土元素、分散元
　　　　　素、放射性元素等矿
　　　　　床入此。

P619.2　　非金属矿床
　　　　　耐火、耐酸、陶瓷、玻
　　　　　璃原料,装饰工业和精
　　　　　密仪器原料等入此。

P62　　　地质、矿产普查与勘探
　　　　　总论入此,各种勘探法入
　　　　　此。
　　　　　专论各种矿产的普查与
　　　　　勘探入 P618 有关各类。

P631　　　地球物理勘探

P64　水文地质学与工程地质学

　　宇宙地质学、行星地质学、灾害地质学等入此。

[P65]　地震地质学

　　宜入 P315。

[P66]　环境地质学

　　宜入 X1。

[P67]　海洋地质学

　　宜入 P73。

P7　海洋学

P71　海洋调查与观测

P72　区域海洋学

　　海洋地理学入此。

P73　海洋基础科学

　　海洋物理、海洋化学、海洋地质学等入此。

　　海洋生物学入 Q17。

P74　海洋资源与开发

　　海洋经济学、海水淡化等入此。

　　海洋渔业、水产入 S9。

P75　海洋工程

　　港湾工程入 U65。

P9　自然地理学

　　数理地理学、地貌学（地形学）等入此。

　　古地理学入 P53；气候学入 P46；水文地理学入 P343；土壤地理学入 S15；生物地理学入 Q15；医学地理学入 R18；环境地理学入 X1。

P94　区域自然地理学

　　各自然带、自然区域地理学入此。

　　海洋地理学入 P72。

Q　生物科学

　　总论生物学理论与方法、生物学说、生物资源调查等的刊物入此。

Q-3　生物科学的研究方法、技术

　　总论实验生物学、计算生物学入此。

　　专论各类生物的研究方法与实验入有关各类。

Q-33　生物学实验与生物学技术

Q1　普通生物学

　　总论生命起源、生物演化与发展等生命科学，生物形态学（普通胚胎学、胚后发育、组织学）、保护生物学、物种保护、生物入侵、生物的多样性，神经科学，生物分类学（细胞分类学、化学分类学、血清分类学）的刊物入此。

　　专论人类起源与发展的刊物入 Q98。

Q14　生态学（生物生态学）

　　数学生态学、生物模型、物候学、生物群落学、系统生态学等入此。

　　生态经济学入 F06；人类生态学入 Q98。

Q15　生物地理学

生物分布入此。

Q17　水生生物学

海洋生物学入此。

Q18　寄生生物学

医学寄生虫学入 R38。

Q2　细胞生物学

Q3　遗传学

遗传与变异、杂交与杂种、遗传学各分支学科等入此。

医学遗传学入 R394；遗传工程入 Q78；人类遗传学入 Q98。

Q4　生理学

总论入此。

人体生理学入 R33；劳动生理学入 R13；病理生理学入 R36；运动生理学入 G80。

Q41　普通生理学

Q42　神经生理学

Q5　生物化学

总论生物及人体生物化学、器官生物化学、比较生物化学、应用生物化学、物质代谢及能量代谢、体液化学、生物体化学成分（如蛋白质、酶等）等的刊物入此。

Q6　生物物理学

总论生物及人体生物物理学的刊物入此。空间（宇宙）生物学入此。

仿生学入 Q81；生物力学入 R31。

Q7　分子生物学

总论入此；量子生物学、量

子生物化学、生物膜、膜生物工程学、生物膜与生命现象等入此。

Q75　分子遗传学

量子遗传学等入此。

Q78　基因工程(遗传工程)

参见 Q3。

Q81　生物工程学(生物技术)

总论入此。仿生学、生物信息论、生物控制论、细胞工程、染色体工程、细胞质工程、酶工程等入此。

工程仿生学入 TB1；发酵工程入 TQ9；蛋白质工程入 TQ9。

[Q812]　基因工程(遗传工程)

宜入 Q78。

[Q89]　环境生物学

宜入 X1。

Q91　古生物学

古生物命名法、分子古生物学等各种古生物学入此。

Q93　微生物学

微生物资源学入此。

Q939　微生物分类学(系统微生物学)

Q94　植物学

参见 S33。

Q94-3　植物学研究和植物学实验

Q949　植物分类学(系统植物学)

藻类、菌类、种子植物、应用植物、植物命名法等入此。

Q95　　动物学

Q95-3　　动物学的研究与实验

Q959　　动物分类学（系统动物学）

　　　　无脊椎动物、脊椎动物、
　　　　动物命名法等入此。

Q96　　昆虫学

Q969　　昆虫分类学

Q969.9　　应用昆虫学（经济昆虫学）

Q98　　人类学

　　　　古人类学、分子人类学、人
　　　　类遗传学、人类生态学、人体
　　　　科学等入此。野人亦入此。
　　　　人类形态学入 R32。

Q982　　人种学

R　医药、卫生

R-0　　一般理论

　　　　医学的对象、任务、作用，医
　　　　学社会学、医学人才学、医学
　　　　伦理学、医学行为学、医学信
　　　　息学，医学史等入此。
　　　　医学心理学入 R395。

R-4　　医学教育与普及

R1　　预防医学、卫生学

R1-9　　卫生经济学

R11　　卫生基础科学

　　　　卫生生物学、卫生物理
　　　　学、卫生化学、卫生毒理、卫
　　　　生微生物学、卫生细菌学，
　　　　以及卫生检验总论、清洁卫
　　　　生用具与设备等入此。

R12　　环境医学、环境卫生

　　　　气候卫生与大气卫生、水
　　　　与给水卫生、土壤卫生与污
　　　　物卫生管理、城市居住卫
　　　　生、农村卫生、交通卫生、旅
　　　　行卫生、灾害医学、灾害卫
　　　　生等入此。
　　　　参见 X5。

R13　　职业卫生、职业性疾病
　　　　与预防

　　　　职业生理学、各种作业环
　　　　境卫生、职业安全卫生防护
　　　　措施等入此。

R14　　放射卫生

　　　　关于放射性物质（电离辐
　　　　射）的一般卫生及防护，如
　　　　保健物理学、放射卫生学、
　　　　放射线与公共卫生等入此。
　　　　关于原子能生产技术中
　　　　的放射防护的专刊入 TL7。

R15　　营养卫生、饮食卫生

　　　　营养学、食品与营养、饮
　　　　食卫生与食品检查等入此。

R16　　个人卫生与保健

　　　　青年、中老年卫生与保
　　　　健，卫生普及与健康教育，
　　　　戒烟、戒酒、戒毒等入此。
　　　　妇幼、儿童卫生与保健入
　　　　R17，学校健康教育入 G47。

R161　　一般保健法

　　　　家庭保健、中医保健
　　　　方法及长寿法等入此。

R169　　生殖健康与卫生

　　　　婚前教育与体格检查、优

生优育的健康教育等入此。

R17　妇幼卫生与保健

儿童、少年卫生保健入此。

R18　流行病学与防疫

医学地理学、卫生检疫等入此。

R19　卫生事业管理(保健组织与事业)

R192　卫生医务人员

关于医务人员的职业道德、思想修养、工作方法、培训方法等入此。

专论医学伦理学入 R-0。

R197　医疗卫生制度与机构

疾病预防控制组织、各种医院、疗养院、医疗队等入此。

R2　中国医学

总论中医、中药、中西医结合的刊物入此。

R2-03　学报

R21　中医预防、卫生学

总论入此。综合性养生、总论气功等入此。

专论入 R1 有关各类。

R22　中医基础理论

内经、难经、伤寒、金匮、经络、孔穴、中医阴阳五行及运气学说、中医生理学、中医病理学等入此。

R24　中医临床学

总论入此。各科中医临床学入此。

中医内科入 R25;中医骨伤科入 R274。

R245　针灸学、针灸疗法

针刺麻醉入此。

R247　气功保健、气功疗法

食养、食疗等入此。

气功功法入 R21。

R25　中医内科

R274　中医骨伤科学

中医正骨入此。

R28　中药学

方剂学、中药资源学入此。

生药学(天然药物学)入 R93。

R29　中国少数民族医学

R3　基础医学

R31　医用一般科学

医用数学、物理学、化学、生物医学工程(如:人工脏器与器官、激光生物医学、低温生物医学)等的刊物入此。

R32　人体形态学

人体胚胎学、人体解剖学、人体组织学等入此。

艺术解剖学入 J0;病理解剖学入 R36。

R33　人体生理学

[R34]　人体生物化学

宜入 Q5。

［R35］ 人体生物物理学

　　宜入 Q6。

R36　病理学

　　病理生理学等入此。

R37　医学微生物学（病原细菌学、病原微生物学）

　　人体病毒学（致病病毒）等入此。

R38　医学寄生虫学

　　参见 R53。

R392　医学免疫学

　　生殖免疫学等入此。

R393　医学分子生物学

R394　医学遗传学

R395　医学心理学、病理心理学

　　参见 R74。

R4　临床医学

R41　临床诊疗问题

　　总论入此。诊疗学、医疗事故与预防等入此。

　　专论入有关各类。

R44　诊断学

　　症状诊断、物理诊断学、机能诊断学、误诊等入此。

R445　影像诊断学

　　总论入此。

　　专论入有关各类。

　　如愿集中于此者，可用组配编号法。例：腹部疾病的影像诊断为 R445；R57。

R446　实验室检验

　　细胞遗传学检查、染色技术、检验试剂配制、机器检验及其自动化等入此。

R45　治疗学

　　药物疗法、化学疗法、物理疗法、自然疗法、体育疗法（医疗体育）、生物疗法、血液疗法、血液净化疗法、急救医学、急救处理等入此。

　　精神疗法入 R49。

R47　护理学

　　护理美学、护理伦理学、专科护理学、护理一般技术与基础等入此。

R48　临终关怀学

R49　康复医学

　　精神疗法等入此。

R499　临床医学的其他分支学科

　　全科医学（家庭医学）、循证医学等入此。

R5　内科学

　　总论入此。

R51　传染病

R52　结核病

R53　寄生虫病

　　临床寄生虫学入此。

　　医学寄生虫学入 R38；皮肤寄生虫病入 R75。

［R535］ 人畜共患病

宜入 S858。

R54　　心脏、血管(循环系)疾病
　　　　高血压病等入此。

R55　　血液及淋巴系疾病

R56　　呼吸系及胸部疾病
　　　　参见 R655。

R57　　消化系及腹部疾病

R58　　内分泌腺疾病及代谢病
　　　　糖尿病等入此。

R59　　全身性疾病
　　　　营养缺乏症、老年病学、免
　　　　疫性疾病、物理性损害、中毒
　　　　及化学性损害、遗传性疾病、
　　　　原因未明的疾病等入此。

[R598]　职业性疾病
　　　　宜入 R13。

R599　　地方病学
　　　　总论入此。

R6　　　外科学
　　　　总论入此。

R61　　外科手术学
　　　　手术室及其设备、抗菌
　　　　术、无菌技术(消毒法)、手
　　　　术基本操作技术、绷带学等
　　　　入此。

R614　　麻醉学
　　　　麻醉前给药入此。

R616　　特种外科手术学
　　　　电外科、显微外科、冷
　　　　冻外科、激光外科、内镜
　　　　术等入此。

R617　　器官移植术

各部位的器官移植术
入 R65 有关各类。例:
肝移植入 R656。

R619　　手术前后的处理及
　　　　外科并发症

R62　　整形外科学(修复外科学)
　　　　美容术等入此。

R63　　外科感染

R64　　创伤外科学
　　　　烧伤、烫伤等各种创伤等
　　　　入此。

R65　　外科学各论
　　　　泌尿及男性生殖系外科
　　　　学入 R69;小儿外科学入
　　　　R726。

R651　　头部及神经外科学
　　　　颌面和涎腺外科入
　　　　R78。

R653　　颈部外科学
　　　　气管、甲状腺、甲状旁
　　　　腺、颈动脉体手术等入此。
　　　　参见 R76。

R654　　心脏血管和淋巴系
　　　　外科学

R655　　胸部外科学
　　　　参见 R56。

R656　　腹部外科学

R658　　四肢外科学

R68　　骨科学(运动系疾病、
　　　　矫形外科学)

R69　　泌尿科学(泌尿、生殖

系疾病)

　　肾疾病、男科学、泌尿及男性生殖系外科学入此。

R71　妇产科学

　　优生学入 Q98；计划生育入 R169。

R711　妇科学

　　妇科手术、儿童及青少年妇科学等入此。

R714　产科学

　　围产期医学、临床优生学、孕期卫生与保健、分娩监护、助产学、产科手术等入此。

R72　儿科学

　　儿科治疗学入此。

R725　小儿内科学

　　儿童结核病入 R52。

R726　小儿外科学

R73　肿瘤学

　　总论及论述各种肿瘤和治疗的刊物入此。

R74　神经病学、精神病学

　　医学心理学、病理心理学入 R395。

R741　神经病学

　　脑部疾病、脑血管疾病、脊髓疾病等入此。

R749　精神病学

R75　皮肤病学与性病学

R751　皮肤病学

R759　性病学

R76　耳鼻咽喉科学

　　总论五官科的刊物入此。

　　参见 R653。

R764　耳科学、耳疾病

　　听觉研究入此。

R77　眼科学

　　眼外科手术等入此。

R78　口腔科学

　　牙科学、口腔颌面部外科学、牙科美学、老年与儿童口腔疾病等入此。

R79　外国民族医学

R8　特种医学

R81　放射医学

R82　军事医学

R83　航海医学

R84　潜水医学

　　水下医学、高气压医学入此。

R85　航空、航天医学

R87　运动医学

［R89］　法医学

　　宜入 D919 或 DF795。

R9　药学

　　总论入此；计算机在药学中的应用入此。

　　中草药入 R28。

R91　药物基础科学

　　药物物理学、药物化学、药物分析、药物设计等入此。

R92　药典、药方（处方）、药

物鉴定

药物规范入此。

R93 生药学（天然药物学）

R94 药剂学、制剂学

R95 药事管理

R96 药理学

R97 药品

临床药学，各种药物入此。

R99 毒物学（毒理学）

工业毒理学、药物毒理学、环境毒理学等入此。

职业中毒入 R13；卫生毒理入 R11。

S 农业科学

广义农业，或含农、林、牧、渔业两业以上总论性刊物入此。

专论入有关各类。

S-0 一般性理论

农业及农业科学的对象、任务、作用，农业信息学等入此。

高新技术农业、持续农业、生态农业、有机农业、绿色农业等入此。

观光农业（休闲农业）入 F30。

S-3 农业科学技术研究、试验

[S-9] 农业经济

宜入 F3。

S1 农业基础科学

农业数学入此。

S12 农业物理学

电子技术、计算机技术、3S

技术在农业的应用入此。

总论物理学在农业上的应用入此。

专论在某一方面的应用入有关各类。例：森林物理学入 S71。

S13 农业化学

S14 肥料学

总论肥料的形态、成分及性质等入此。

S15 土壤学

总论土壤与肥料的刊物入此。

S16 农业气象学

作物气象学入此。

S18 农业生物学

农业生态学、农业生物工程等入此。

[S19] 农业生产环境保护

宜入 X3。

S2 农业工程

S21 农业动力、农村能源

总论入此。总论拖拉机与农机的刊物入此。

总论汽车与拖拉机的刊物入 U46。

S22 农业机械及农具

S23 农业机械化

兼论农业机械化与电气化的刊物入此。

专论电气化的刊物入 S24。

S24 农业电气化与自动化

S25　农业航空

[S26]　农业建筑

　　　宜入 TU26。

S27　农田水利

S28　农田基本建设、农垦

S29　农业工程勘测、土地测量

　　　国土管理入 F20。

S3　农学(农艺学)

　　　总论作物栽培、农学技术推
　广、农产品的综合利用、农产
　副业技术的刊物入此。

S33　作物遗传育种与良种繁育

　　　参见 Q94。

S34　耕作学

　　　田间管理入此。

S37　农产品收获、加工、贮藏及其设备

S4　植物保护

　　　总论植物灾害及其防治的
　刊物入此。
　　　参见 X4。

S41　植物检疫

S42　气象灾害及其防御

S43　病虫害及其防治

　　　植物、农作物、园艺作物
　病虫害及其防治入此。

S44　动物危害及其防治

　　　外来入侵动物的防治等
　入此。

S45　有害植物及其清除

　　　杂草科学、外来入侵植物
　的防治等入此。

S47　各种防治方法

　　　生物防治、人工防治、农
　业技术防治、物理机械防
　治、土壤消毒等入此。

S48　农药防治(化学防治)

　　　关于农药生产的专刊入
　TQ45。

S49　植物保护机械

S5　农作物

　　　绿肥作物、野生植物入此。

S51　禾谷类作物

　　　稻、麦、玉米、高粱、谷子
　等入此。

S52　豆类作物

S53　薯类作物

　　　甘薯(红薯)、马铃薯(土
　豆)、木薯(树薯)等入此。

S54　饲料作物、牧草

S56　经济作物

　　　香料作物、染料作物、漆
　料作物、胶液料作物、鞣料
　作物及单宁质植物等入此。

S561　纤维作物

　　　棉、麻类以及用于编
　织的藤草、棕榈等纤维
　作物。

S565　油料作物

　　　大豆、花生、向日葵、
　油橄榄等入此。

S566　糖料作物

　　　甘蔗、甜菜等入此。

S567　药用作物

S571　　　饮料作物
　　　　　茶、咖啡等作物入此。

S572　　　烟草(菸草)
　　　　　总论烟草种植与加工
　　　　　的刊物入 TS4。

S59　　　热带、亚热带作物

S6　　　园艺
　　　　　一般性问题、苗圃学、设施
　　　　　园艺等入此。

S63　　　蔬菜园艺

S646　　　菌(食用菌)

S65　　　瓜果园艺
　　　　　西瓜、甜瓜、哈密瓜等入
　　　　　此。

S66　　　果树园艺

S68　　　观赏园艺
　　　　　花卉和观赏树木入此。

S7　　　林业

S7-0　　　林业理论与方法论

[S7-9]　　林业经济
　　　　　宜入 F316.2。

S71　　　林业基础科学
　　　　　森林物理学、森林生物
　　　　　学、林业勘察及设计等入
　　　　　此。

[S719]　　森林与环境保护
　　　　　宜入 X1。

S72　　　造林学、林木育种及造
　　　　　林技术

S73　　　绿化建设
　　　　　国土绿化、各国区域绿化

等入此。

S75　　　森林经营学、森林计测
　　　　　学、森林经理学

S76　　　森林保护学
　　　　　气象灾害及其防治,林火
　　　　　及防火,病、虫、鸟、兽害及
　　　　　其防治,人为损害及其防治
　　　　　等入此。

S77　　　森林工程、林业机械
　　　　　森林水土保持工程等入
　　　　　此。

S78　　　森林采运与利用
　　　　　木材学、森林资源及林副
　　　　　产品的利用等入此。
　　　　　木材加工工业入 TS6;木
　　　　　材化学加工入 TQ35;森林
　　　　　副产品采集入 S75。

S79　　　森林树种
　　　　　林型调查入此。

S8　　　畜牧、动物医学、狩猎、蚕、
　　　　　蜂
　　　　　总论畜牧、兽医、养殖、狩
　　　　　猎、野生动物驯养等的综合性
　　　　　刊物入此。

S81　　　畜牧学
　　　　　畜禽遗传、选种、育种、繁
　　　　　殖、饲养管理,饲养学、动物
　　　　　福利等入此。

S812　　　草地学、草原学
　　　　　草原生态学等入此。

S816　　　饲料
　　　　　饲料学、畜禽营养学

等入此。

饲料作物栽培入 S54。

专论家畜、家禽、野生动物的饲料入有关各类。

S817　畜牧业的机具及设备

畜牧业机械化、电气化入此。

S82　家畜

马、驴、骡、牛、骆驼、鹿、羊、山羊、猪、兔、犬、猫等的畜牧学入此。

S83　家禽

鸡、鸭、鹅、鸽、鹌鹑等的畜牧学入此。

S85　动物医学(兽医学)

总论入此。临床各种病症亦入此。

S851　畜禽卫生及防疫

兽医卫生检验,兽医卫生保健组织,家畜、家禽疫病地区分布等入此。

S852　兽医基础科学

家畜家禽解剖学、组织学、胚胎学、生物生理学、生物化学、生理学、兽医病理学,以及家畜家禽免疫学、寄生虫学等入此。

有关西医兽医的专刊入此。

S853　中国兽医学

总论中西医结合的兽医、中药兽药的刊物入此。

S858　各种家畜、家禽、野生动物的疾病及医治

人畜共患病入此。

S859　兽药

药典、药剂、药事、药理、药品等入此。

S86　狩猎与野生动物饲养及驯养

野生动物资源调查、保护与利用入此。

食用蚯蚓、蜗牛的养殖入此。

参见 G897。

S87　畜禽产品的加工与利用

参见 TS251、TS252、TS253。

S88　蚕桑

S89　养蜂、益虫饲养

S9　水产、渔业

[S9-9]　水产、渔业经济

宜入 F316.4。

S96　水产养殖

海水、淡水养殖均入此。

S97　水产捕捞

S98　水产品运输、贮存与加工

水产品保鲜及总论水产品加工的刊物入此。

专论水产食品工业的刊物入 TS254。

T　工业技术

T-0　工业技术理论

T-09　工业技术发展史

T-1　　工业技术现状与发展

　　　　预测、展望入此。

T-18　　专利

　　　　总论工业技术专利入此；工业技术专利汇编、专利公报、专利索引、专利文摘等入此。

　　　　专项专利及其汇编等入有关各类。例:焊接技术专利入 TG4-18;社会科学专利入 C18;自然科学专利入 N18。

　　　　专利研究、专利综合汇编等入 G30。

T-19　　先进经验、创造发明

　　　　工业技术奖项入此。

T-6　　参考工具刊

　　　　工程师技术用刊,工业产品目录、样刊,多部门、多行业综合性报道入此。

　　　　某一部门、某一行业或某一系列的产品目录、样本专刊入有关各类。

T-65　　工业标准

　　　　有关多部门、多行业工业标准的综合性刊物入此。

　　　　有关某一部门、某一行业的工业标准专刊入有关各类。

　　　　标准化工作及研究入 G30。

TB　一般工业技术

　　　　工业工程入此;总论技术学、工程技术、高新技术的刊物入此。

TB1　　工程基础科学

　　　　工程数学、工程控制论、计算数学的应用、工程力学、工程物理学、人体工程学、人机工程学、工效学等入此。

　　　　工程热力学入 TK1;工程声学入 TB5;工程化学入 TQ01。

　　　　参见 Q81。

TB2　　工程设计与测绘

　　　　总论入此。

　　　　矿山勘测入 TD1;建筑勘测入 TU2;水利勘测入 TV2。

TB3　　工程材料

　　　　总论工程材料力学、工程材料试验、工程材料腐蚀与防腐等的刊物入此。

　　　　耐磨材料、耐高温材料、耐低温材料、特种结构材料、纳米材料、微孔材料、超细粉体材料、非晶材料、蜂窝材料、膜材料等入此;各种专门用途的材料入有关各类。

　　　　金属材料入 TG14;金属腐蚀与保护入 TG17;金属材料无损探伤入 TG1。

TB32　　非金属材料

　　　　总论入此。

　　　　专论入有关各类。例:木材入 S78;木材加工入 TS6;高分子材料入 TQ31;建筑工程的非金属材料入 TU52。

TB33　　复合材料

先进复合材料等入此。

TB4　工业通用技术与设备

爆破技术、密封技术、薄膜技术、粉末技术、干燥技术等入此。

矿山爆破工程的专刊入TD2;金属粉末冶金入TF1。

TB47　工业设计

工业设计是工程技术与美学艺术相结合的新学科。

产品设计(如:造型设计、色彩设计)等入此。

参见 B83。

TB48　包装工程

包装技术与设备入此。

TB49　工厂、车间

工厂设备、工厂技术管理等入此。

[TB499]　工业三废处理与综合利用

宜入 X7。

TB5　声学工程

工程声学入此。

电声技术入 TN912;水下通信入 TN92。

TB6　制冷工程

制冷技术与设备入此。

TB7　真空技术

总论入此。

具体应用入有关各类。例:《真空冶金》入 TF1。

TB8　摄影技术

摄影理论、机具设备、各种摄影技术、缩微与放大技术、洗印技术、全息术、全息摄影等入此。

摄影艺术、摄影入门等入 J41。

TB9　计量学

总论计量与计量仪器设备的刊物入 TH71。

TD　矿业工程

TD-0　矿业工程理论与方法论

[TD-9]　矿山经济

宜入 F416.1。

TD1　矿山地质与测量

矿床学入 P61;水文地质学与工程地质学入 P64;矿产普查与勘探入 P62。

TD2　矿山设计与建设

总论入此。

各种矿的设计、机械、运输、开采等入 TD82/87。

TD3　矿山压力与支护

TD4　矿山机械

采掘机械、水力采矿机械化设备、矿山固定机械设备、选矿机械等入此。

勘探机械、钻孔机等入 P62;矿山提升与运输机械等入 TD5。

TD5　矿山运输与设备

井下及地面运输、露天矿运输及运输自动化等入此。

TD6　矿山电工

矿山输配电、电气照明、矿

山信号与通信、矿山生产自动
化等入此。

TD7　矿山安全与劳动保护

TD8　矿产资源开发与开采

　　　总论矿产资源的开发、开采
　　　与综合利用等的刊物入此。

TD82　煤矿

　　　总论煤矿的设计、机械、
　　　运输、开采与选煤等的刊物
　　　入此。

　　　专论选煤入 TD9。

[TD84]　煤及油页岩地下气化

　　　宜入 TQ54。

TD85　金属矿

　　　见 TD82 注。

TD87　非金属矿

　　　见 TD82 注。

TD9　选矿

　　　各种矿的选矿均入此。

TE　石油、天然气工业

[TE-9]石油、天然气工业经济

　　　宜入 F416.2。

TE0　能源与节能

　　　有关石油、天然气能源计
　　　算、调查与节能等入此。

　　　总论能源与节能的刊物入
　　　TK01。

TE1　石油、天然气地质与勘探

　　　油、气田勘探组织与管理，
　　　油矿地质，油、气田测量与储
　　　量计算，油、气田区域分布等
　　　入此。

TE2　钻井工程

　　　钻井岩石学入此。

TE3　油气田开发与开采

TE4　油气田建设工程

　　　油田各类工厂、设施施工的
　　　地面建设入此。

　　　油气加工厂入 TE6；矿场油
　　　气集输与处理入 TE8。

TE5　海上油气田勘探与开发

TE6　石油、天然气加工工业

　　　天然气加工、人造石油，炼
　　　油厂、天然气加工厂及其生产
　　　技术安全与卫生等入此。

TE62　石油炼制

TE65　石油化学工业

　　　总论入此。

TE8　石油、天然气储存与运输

　　　油、气储运安全等入此。

TE9　石油生产机械、设备与自
　　　动化

　　　地质勘探机械、设备入 P62。

[TE99]　石油、天然气工业环境保
　　　护与综合利用

　　　宜入 X74。

TF　冶金工业

　　　冶金炉入此。

[TF-9]冶金工业经济

　　　宜入 F416.3。

TF08　冶金工厂

　　　钢铁联合企业入此。

[TF09]三废处理与综合利用

宜入 X75。

TF1　冶金技术

总论入此；化学冶金、真空冶金、粉末冶金等亦入此。

某一种金属冶炼技术的专刊入 TF4/8 有关类目。例：《有色金属：冶炼部分》入 TF8。

TF3　冶金机械与设备

冶金生产自动化入此。

冶金炉入 TF；轧钢机械入 TG33。

TF4　钢铁冶炼（黑色金属冶炼）总论

TF5　炼铁

铁合金冶炼入此。

TF7　炼钢

各用途钢的冶炼入此。

TF8　有色金属冶炼

贵金属及铂族金属冶炼等入此。

放射性元素冶炼入 TL2；半导体元素冶炼入 TN3。

TF81　重金属冶炼

TF82　轻金属冶炼

TF84　稀有金属冶炼

TG　金属学与金属工艺

总论机械制造工艺的刊物入 TH16。

TG1　金属学与热处理

金属学（物理冶金）、金属物理学、金相学、金属的分析试验（金属材料试验）、合金学等入此。

TG14　金属材料

各种成分、组织、结构、性能、用途的金属及合金，黑色、有色金属材料等入此。

参见 TU51。

TG15　热处理

TG17　金属腐蚀与保护

金属表面处理入此。

专论电镀的专刊入 TQ15。

TG2　铸造

铸造技术与设备入此。

TG3　金属压力加工

拉制、拉拔、挤压、冷冲压（钣金加工）、高能成型等入此。

TG31　锻造、锻压与锻工

TG33　轧制

轧钢技术、机械设备等入此。

TG4　焊接、金属切割及金属粘接

TG5　金属切削加工及机床

电加工、电化学加工、超声波加工、激光加工等特种加工机床及其加工入此。

TG7　刀具、磨料、磨具、夹具、模具和手工具

TG8　公差与技术测量及机械量仪

TG9　钳工工艺与装配工艺

TH　机械、仪表工业

总论机电工程技术的刊物入此。

总论机械制造工艺的刊物入
TH16。

[TH-9] 机械、仪表工业经济

　　宜入 F416.4。

TH11　机械学

　　机械摩擦、磨损与润滑、摩
润学入此。

　　摩擦学入 O3。

TH12　机械设计、计算与制图

TH13　机械零件及传动装置

　　控制机件、阀门、弹簧、液压
传动、气压传动等入此。

　　电传动入 TM921。

TH132　机械传动机构、齿轮

　　齿轮及齿轮传动等入此。

TH133　转动机件、轴承

TH14　机械制造用材料

　　总论入此。

TH16　机械制造工艺

　　总论机械制造工艺、机械检
定等入此。

　　各种金属工艺入 TG 有关各
类。

TH17　机械运行与维修

TH18　机械制造工厂(车间)

TH2　起重机械与运输机械

　　装卸机械入此。

TH3　泵

TH4　气体压缩与输送机械

　　各种气动工具、压力容器等
入此。

TH6　专用机械与设备

电信、金融、商业专用机械
设备入此。

TH7　仪器、仪表

　　物理学与力学的一般仪器、
生物科学与农林科学仪器以
及坐标器、计数器等入此。

　　参见 TK3。

TH71　计量仪器、仪表

　　时间计量仪器(如钟、表)
入此。

TH74　光学仪器

　　军用光学仪器入此。

TH75　天文仪器

TH76　地球科学仪器

　　地质勘探、水文、气象、海
洋观测仪器入此。

TH77　医药卫生器械

　　清洁卫生用具与设备入
R11。

TH89　其他仪器仪表

　　成分分析仪器、工业自动
化仪表、材料试验机与试验
仪器等入此。

TJ　武器工业

　　总论军工(兵工)技术以及弹
道学、航空兵器等的刊物入此。

　　参见 E92。

[TJ-9] 武器工业经济

　　宜入 F416.4。

TJ08　军工厂

TJ2　枪械

　　总论步兵武器、近战武器的

刊物入此;冷兵器入此。

TJ3　火炮

总论枪械、火炮的刊物入此。

TJ4　弹药、引信、火工品

TJ5　爆破器材、烟火器材、军用器材

军用侦察器材、军用指挥仪器和设备、军用训练器材、警用器材、其他军用器材等入此。

[TJ55]　火炸药、推进剂

火炸药宜入 TQ56;推进剂宜入 V51。

TJ6　水中兵器

鱼雷及其发射装置等入此。

TJ7　火箭、导弹

导弹拦截技术入此。

专论运载火箭的专刊入 V4。

TJ8　战车、战舰、战机、航天武器

TJ81　战车

坦克、装甲车、自行火炮等入此。

[TJ83]　战舰

宜入 U674。

[TJ85]　战机

宜入 V27。

TJ86　航天武器(太空武器)

武装卫星、反卫星武器、定向能武器、动能武器、太空雷等入此。

TJ9　核武器及其他特种武器

与防护

参见 TL91。

TK 能源与动力工程

[TK-9]　能源与动力工业经济

宜入 F416.2。

TK01　能源

总论能源开发、利用、节能等入此。

能源与环境的关系入 X2。

TK1　热能、热力工程

热机、热能存储、热工学、传热学、多相流热物理学、蒸汽与燃气轮机、燃料与燃烧、换热设备、热管等入此。

TK2　蒸汽动力工程

蒸汽机、蒸汽动力工厂等入此。

TK22　蒸汽锅炉

TK26　蒸汽轮机(蒸汽透平、汽轮机)

TK3　热工量测和热工自动控制

热工量测量仪器、仪表入 TH7。

TK4　内燃机

汽油机等其他类型内燃机等入此。

喷气推进器、火箭发动机入 V43。

TK42　柴油机

总论柴油机与燃气轮机的刊物入此。

TK47　燃气轮机(燃气透平)

TK5　特殊热能及其机械

TK51　太阳能及其利用
　　　　太阳能发电入 TM61。

TK52　地下热能、地下热能机械

TK6　生物能及其利用
　　　　生物质能、生物质的燃烧与转
　　　化、各种生物质燃料、生物质能机
　　　械和设备、生物质能的利用等入
　　　此。总论沼气利用入此。

TK7　水能、水力机械
　　　　总论入此。
　　　　水力学、水电工程等入 TV
　　　有关类目；水力发电、水电站
　　　入 TM6 有关各类；水轮泵入
　　　TH3。

TK8　风能、风力机械
　　　　风能发电入 TM61。

TK91　氢能及其利用
　　　　总论入此。氢能的存储、输
　　　送等入此。

TL　原子能技术

　　　　原子能基础理论入此。
　　　　原子核物理入 O57；放射化
　　　学入 O61；辐射化学入 O64。

[TL-9]　原子能技术经济
　　　　宜入 F416.2。

TL2　核燃料及其生产

TL3　核反应堆工程
　　　　各种核反应堆入此。
　　　　核电站入 TM62。

TL5　加速器

TL6　受控热核反应（聚变反应
　　　理论及实验装置）

TL7　辐射防护
　　　　辐射事故入此。
　　　　辐射防护理论、辐射剂量等
　　　入 R14。

TL8　粒子探测技术、辐射探测
　　　技术与核仪器仪表
　　　　核电子学、放射性计量学与
　　　计量技术入此。

TL91　核爆炸
　　　　参见 TJ9。

TL92　放射性同位素的生产与
　　　制备

TL93　放射性物质管理
　　　　包装、运输、贮存及废物处
　　　理等入此。

TL99　原子能技术的应用
　　　　总论入此。专论在某方面
　　　应用的刊物入有关各类。

TM　电工技术

　　　　总论机电工业、机电工程、机
　　　电技术的刊物入 TH。

TM-0　学术理论性刊物

TM-03　学报

TM-1　信息（情报）刊物
　　　　电工文摘等刊物入此。

[TM-9]　电工技术经济
　　　　宜入 F416.6。

TM1　电工基础
　　　　电子电力学、电工学、电路
　　　理论等入此。
　　　　电学、磁学入 O44。

TM2　　电工材料

　　　　总论入此。超导体、超导体材料、磁性材料、铁氧体等亦如此。

TM21　　绝缘材料、电介质及其制品

TM24　　导电材料及其制品

　　　　金属、非金属导电材料、炭素材料、电线电缆等入此。

TM28　　电工陶瓷材料

　　　　压电陶瓷材料等入此。

TM3　　电机

TM31　　发电机、大型发电机组（总论）

TM38　　微电机

TM4　　变压器、变流器及电抗器

　　　　可控硅入 TN3。

TM5　　电器

　　　　总论入此。各种类电器亦入此。

　　　　家用电器入 TM925。

TM51　　高压电器（总论）

TM52　　低压电器（总论）

TM6　　发电、发电厂（站）

　　　　电能学等入此。

　　　　独立电源技术入 TM91。

TM61　　各种发电

　　　　火力发电、热力发电、水力发电、原子能发电、风能发电、太阳能发电、地热发电、余热发电等入此。

TM62　　发电厂

　　　　火力发电厂、热电站、水力发电厂、水电站、核电厂（核电站）、移动发电站等入此。

TM7　　输配电工程、电力网及电力系统

TM72　　输配电技术

TM76　　电力系统的自动化

TM8　　高电压技术

TM91　　独立电源技术（直接发电）

TM92　　电气化、电能应用

　　　　总论入此；节约用电、安全用电、电力牵引、电热、总论电炉、电加热器等的刊物入此。

　　　　农业电气化入 S24。

TM921　　电力拖动（电气传动）

TM923　　电气照明

　　　　电光源、电照器具等入此。

TM925　　家用电器

　　　　总论视听娱乐用电器亦入此。

TM93　电气测量技术及仪器

TN　电子技术、通信技术

　　　　总论入此。

[TN-9]　电子工业经济

　　　　宜入 F416.6。

TN01　　基础理论

　　　　总论电子学、电波理论与技术、微波技术与超高频技术的刊物入此。

微波通信入 TN92。

TN1　真空电子技术

电子管、微波电子管、光电器件、光电管等入此。

TN2　光电子技术、激光技术

总论红外与激光技术、波导光学与集成光学、纤维光学、显示技术的刊物入此。

TN21　红外技术、夜视技术、紫外技术

TN24　激光技术、微波激射技术

〔TN26〕　全息术

宜入 TB8。

TN3　半导体技术

总论半导体物理学、半导体电子学、半导体化学及半导体材料、半导体技术,可控硅技术、半导体器件等入此。

TN4　微电子学、集成电路

TN6　电子元件、组件

微波元件入此。

〔TN64〕　电声器件

宜入 TN912。

TN7　基本电子电路

TN8　无线电设备、电信设备

馈线设备(传输线与波导)、天线、发送设备、发射机、接受设备、无线电收音机等入此。

TN91　通信

总论有线通信、无线通信等的刊物入此。

TN911　通信理论

通信原理、传输理论入此。

TN912　电声技术和语音信号处理

电声器件、电声设备、录音机、放音机、语音识别与设备等入此。

TN913　有线通信、通信线路工程

总论入此。

专论电话、电报等的刊物入 TN916/917 有关各类。

TN914　通信系统(传输系统)

TN915　通信网

总论入此;国家信息基础设施(信息高速公路)入此。

专论入有关各类。例:电话网入 TN916;电报网入 TN917;数据网入 TN919;图像通信网、多媒体通信网入 TN919;计算机网入 TP393。

TN916　电话

TN917　电报、传真

TN918　通信保密与通信安全

TN919　数据通信

图像通信、多媒体通信入此。

TN92　无线通信

总论入此;微波通信、散射通信、卫星通信、波导通信、光波通信、激光通信、水下通信

（声波通信）、地下通信、移动通信等入此。

无线电话入 TN916；无线电报入 TN917。

TN93 广播

总论广播、电视技术与设备的刊物入此。

广播、电视工作的组织与管理，广播、电视节目专刊入 G22。

TN94 电视

音像技术、录放像系统等入此。

音像艺术入 J9。

TN95 雷达

雷达跟踪系统、雷达监控与保护系统、雷达系统模拟、雷达设备、雷达站等入此。

TN96 无线电导航

卫星导航、复合导航等各种方式、用途的导航系统入此。

导航总论入 V32；全球定位系统入 P22。

TN97 电子对抗（干扰及抗干扰）

［TN98］ 无线电、电信测量技术及仪器

宜入 TM93。

TP 自动化技术、计算机技术

［TP-9］ 自动化技术经济

宜入 F416.6 及 F49 有关各类。

TP1 自动化基础理论

自动化系统理论、自动控制理论、自动信息理论、自动模拟理论（自动仿真理论）、开关电路理论等入此。

系统论入 N94；控制论（数学理论）入 O23；信息论入 G20；数学模拟理论入 O24。

TP18 人工智能

总论人工智能理论与智能机器人、智能计算机等的刊物入此。

TP2 自动化技术及设备

自动化元件、部件等入此。

TP24 机器人技术

机械手入此。

TP27 自动化系统

总论自动调节系统，自动控制系统，数据处理系统，自动随动系统，自动拖动系统，监视、报警、故障诊断系统，自动生产作业线等的刊物入此。

TP29 自动化技术在各方面的应用

总论入此。

专论自动化技术在某方面应用的专刊入有关各类。

如愿集中于此者，可采用冒号组配编号法。例：《炼油化工自动化》编号为 TP29：TE62。

TP3 计算机技术

总论入此。

TP31　计算机软件

操作系统、应用软件（程序包）、通用应用软件，包括图形图像处理软件、多媒体软件、游戏软件的开发研制等入此。

TP311　程序设计、数据库、软件工程

程序语言、算法语言、软件测试、软件工具、工具软件等入此。

TP33　电子计算机

总论电子数字计算机、电子模拟计算机及其构件的刊物入此。

TP36　微型电子计算机

小型电子计算机、微处理机等入此。

TP39　计算机的应用

总论入此。

专论计算机在某方面应用的专刊入有关各类。

TP391　信息处理（信息加工）

图形图像等模式识别、射频识别、计算机辅助技术（如计算机绘图）、计算机仿真等入此。

信息处理软件的开发研制入 TP31 有关各类。

TP392　数据库

TP393　计算机网络

计算机网络安全、网络应用、普及性刊物等入此。

TP399　在其他方面的应用

总论入此。

在其他科学中的应用入有关各类。

如愿集中于此，可采用组配编号法。例：商业售货计算机为 TP399：F71。

TP6　射流技术（流控技术）

总论入此。

射流技术在各方面的应用入有关各类。

TP7　遥感技术

摄影测量与遥感学入 P23。

见 TP6 注。

TP8　远动技术

见 TP6 注。

TQ　化学工业

工业化学（化学工艺学、工业合成化学、工业应用化学）等入此。

[TQ-9] 化学工业经济

宜入 F416.7。

TQ01　化工基础理论

化工数学、化工物理学、化工物理化学、化工计算、化工实验与研究、化工过程、化学反应过程、化工原料等入此。

TQ05　化工机械与仪器、设备

总论入此。

TQ08　化工厂

生产安全技术入此。

TQ11 基本无机化学工业

总论入此;无机酸类生产、氨和铵盐工业、氯碱工业、无机盐工业、工业气体制备与储运等入此。

TQ12 非金属元素及其无机化合物化学工业

氢气、氧气的生产,卤素及其化合物的生产等入此。

TQ13 金属元素的无机化合物化学工业

TQ15 电化学工业

电解工业、电镀工业等入此。

关于电镀等金属防腐、金属表面处理技术等的刊物入TG17。

TQ16 电热工业、高温制品工业

碳化钙(电石)、氰胺钙、人造超硬度材料、人造宝石、合成宝石、人造石墨等的生产入此。

TQ17 硅酸盐工业

总论入此。搪瓷(珐琅、搪玻璃、衬玻璃)工业、耐火材料工业、石棉工业、人造石及其他胶凝材料等入此。

TQ171 玻璃工业

玻璃纤维工业入此。

TQ172 水泥工业

[TQ178] 砼(混凝土)及砼制品

宜入TU52。

[TQ179] 砖、瓦、砌块

宜入TU52。

TQ2 基本有机化学工业

总论入此;有机化学工业、有机化学工艺学、有机合成工艺学等入此。

单体有机化合物及以染料、化纤、橡胶等整体为对象的有机化合物工业入有关各类。

TQ31 高分子化合物工业(高聚物工业)

总论入此;低聚物入此。

TQ32 合成树脂与塑料工业

TQ33 橡胶工业

TQ34 化学纤维工业

纤维科学入此。

玻璃纤维入TQ171。

TQ35 纤维素质的化学加工工业

木材化学加工工业、植物纤维水解工业等入此。

木材造纸入TS7。

TQ39 精细与专用化学品工业

总论入此。精细化工入此。

TQ41 溶剂与增塑剂生产

TQ42 试剂与纯化学品生产

TQ43 胶粘剂工业

金属粘接工艺入TG4。

TQ44 化学肥料工业

天然肥料入S14;合成氨入TQ11。

TQ45 农药工业

土农药、植物生长调节剂、

杀虫剂、杀螨剂、杀菌剂、杀鼠剂、生物农药、无公害农药等入此。

总论农药与植物病虫害防治的刊物入 S48。

TQ46　制药化学工业

各种药剂的制备入 R94。

TQ51　燃料化学工业(总论)

TQ52　炼焦化学工业

TQ53　煤化学及煤的加工利用

煤的开采入 TD82。

TQ54　煤炭气化工业

煤及油页岩气化入此。
城市煤气供应入 TU996。

TQ55　燃料照明工业

电光源、电照器具入 TM923。

TQ56　爆炸物工业、火柴工业

火炸药入此。
弹药、引信、火工品、军用爆破器材、烟火器材入 TJ4/5；推进剂入 V51。

TQ57　感光材料工业

TQ58　磁性记录材料工业

TQ59　光学记录材料工业

TQ61　染料及中间体工业

TQ62　颜料工业

TQ63　涂料工业

印刷油墨入此。

TQ64　油脂和蜡的化学加工工业、肥皂工业

食用油脂入 TS22。

TQ65　香料及化妆品工业

食用香料入 TS26。

TQ9　其他化学工业

农产物化学加工工业、发酵工业、蛋白质化学加工工业、鞣料工业、栲胶工业、海洋化学工业等入此。

TS　轻工业、手工业、生活服务业

[TS-9]　轻工业、手工业、生活服务业经济

宜入 F416.8。

TS1　纺织工业、染整工业

总论入此。纺织基础科学、纺纱理论与纺纱工艺、织造工艺、纺织工厂、纺织副产品加工与利用等入此。

TS102　纺织纤维(纺织原材料)

各种纺织纤维、纺织纤维化学变性处理、废纤维的回收与利用等入此。

TS103　纺织工业机械与设备

TS106　织物

絮棉、纱线及各种织物入此。

TS107　纺织品的标准与检验

TS11　棉纺织

TS12　麻纺织

TS13　毛纺织

TS14　丝纺织

TS15　化学纤维纺织

TS17　非织造布

TS18　　　针织

TS19　　　染整工业

TS2　　　食品工业

　　　总论入此。食品加工厂、食品工业副产品加工与利用等入此。

　　　专论食品与食品营养的专刊入 R15；烹饪入 TS972。

TS202　　食品原料及添加剂

TS203　　机械与设备

TS205　　食品加工与保藏

　　　干制、腌制等各种食品加工方法入此。

TS206　　食品包装学

　　　总论食品包装基础理论、设计、材料、机械与设备、方法等入此。

TS207　　食品标准与检验

　　　食品感官评定、食品污染度的测定、食品质量控制与保证等入此。

TS21　　　粮食加工

　　　总论粮、油加工的刊物入此。

TS22　　　食用油脂加工

　　　工业用油脂入 TQ64。

TS23　　　淀粉工业

TS24　　　制糖

　　　糖果、葡萄糖等的生产入此。

TS251　　屠宰及肉类加工工业

　　　参见 S87。

TS252　　乳品加工工业

　　　参见 S87。

TS253　　蛋品加工工业

　　　参见 S87。

TS254　　水产加工工业

　　　水产品加工、运输、贮存、保险、包装等入 S98。

TS255　　水果、蔬菜、坚果加工工业

TS26　　　酿造工业

　　　酿酒、调味品的生产等入此。

　　　总论发酵工业的刊物入 TQ9；酒文化入 TS971。

TS27　　　饮料冷食制造

　　　茶、咖啡等各种饮料饮品入此。

　　　茶文化入 TS971。

TS29　　　罐头工业

　　　罐头工艺学入此。

TS3　　　制盐工业

TS4　　　烟草工业

　　　总论烟草种植与加工的刊物入此。

　　　专论烟草种植的刊物入 S572。

TS5　　　皮革工业

　　　真皮及人造皮革加工均入此；毛皮副产品加工及利用亦入此。

　　　皮革服装、皮鞋制造入 TS94 有关各类。

TS6　木材加工工业、家具制造工业

　　木材加工工艺及加工机具、设备，各种材料家具的设计、结构、材料、工艺、加工机具与设备等均入此。

TS7　造纸工业

TS8　印刷工业

　　印刷技术、工艺，打字，装订、装帧等技术及其机具、设备均入此。

　　印刷油墨入 TQ63。

TS91　五金制品工业

　　锁具、炊具、点燃具等日用五金，以及建筑五金、工农具配件五金、五金容器、金属编结制品等入此。

TS93　工艺美术制品工业

　　珠宝饰物制造、刺绣、编结、制毯等入此。

　　参见 TS973、J52。

TS94　服装工业、鞋帽工业

　　总论服装、鞋帽、床上用品、布衣装饰用品的设计、裁剪、缝制及其机具等的刊物入此。

TS941　服装工业

　　制帽业入此。服装表演、服装展示等亦入此。

TS943　制鞋工业

TS95　其他轻工业、手工业

　　文教用品、体育用品、舞台道具、实物模特、灯具、眼镜、镜、竹藤棕草制品、漆器、纸料

制品、扇、伞等制造工业入此。

TS953　乐器制造工业

TS958　玩具工业

TS97　生活服务技术

　　总论生活科学入此。

TS971　饮食科学

　　美食学，饮食文化（茶文化与茶艺、酒文化与酒艺、咖啡文化、餐饮文化等），品酒、品茶、饮食品尝等入此。

TS972　饮食烹饪技术及设备

　　食品烹饪法、调味法、饮食设备与管理（饮食用具、家庭与餐馆的食物保存技术等）、饮食业技术管理（餐厅管理、厨房业务管理、厨师及餐饮人员的培训、考核、饮食卫生管理等）入此。

　　食堂、餐馆的经营管理等入 F719；总论食品的刊物入 TS2；专论食品与食品营养的专刊入 R15。

TS973　衣着、日用纺织品、装饰品服务

　　包括服装、鞋、帽、床上用品、地毯、窗帘等。

　　服装设计、制作入 TS94有关各类。

　　参见 TS93。

TS974　美容、美发、沐浴

　　理发、理容、洗染、缝补等入此。

　　其经营管理入 F719。

TS975　居住、住宿管理

> 有关住宅及居室的陈设、布置、美化、管理、安全、保洁等方面的综合性刊物入此。
>
> 物业管理入 F293。
>
> 参见 F719。

TS976　生活知识、家政服务

> 家庭管理、家庭生活知识（总论家庭育儿、夫妻生活、中老年生活、家庭宠物等）、家政服务、家庭生活自动化、家庭用具与配备以及兼论家庭室内外装饰、布置等知识的刊物入此。

TS979　其他

> 婚介、婚庆、丧葬、殡仪、摄影冲印等服务技术入此。

TU　建筑科学

> 总论土木工程的刊物入此。

TU-0　建筑理论

> 建筑基础理论、建筑与哲学、社会科学的关系、建筑史等入此。
>
> 建筑艺术理论入 TU-8。

TU-8　建筑美学、建筑艺术

[TU-9]建筑经济

> 宜入 F416.9。

TU1　自然科学技术在建筑中的应用

> 建筑物理等入此。
>
> 土木结构力学入 TU3；噪声及噪声控制入 TB5。

TU19　建筑勘测

> 工程地质勘测、水文地质勘测入 P64；土工试验、土力学、岩石力学及地基基础的勘测问题入 TU4。

TU2　建筑设计

> 总论建筑设计与施工的刊物入此。

TU22　房屋细部构造设计

> 总论房屋构造、室内外装饰、室内陈设、建筑装饰图样、装饰艺术设计，包括空间、色彩、绿化、陈设设计等的刊物入此。
>
> 房屋设备入 TU8；有关各种用途房屋的构造与设计及装饰设计的专刊分别入 TU24/27 有关各类。
>
> 参见 J52。

TU24　民用建筑

> 包括装饰设计。

TU26　农业建筑

TU27　工业建筑

> 各制造业厂房建筑设计入此。

[TU28]　地下建筑

> 宜入 TU9。

TU3　建筑结构

> 土木结构力学等入此。
>
> 水工结构入 TV3。

TU4　土力学、地基基础工程

> 岩土工程，总论土力学、地基基础理论、设计与施工等的

刊物入此。

TU5　建筑材料

工程材料总论入 TB3；金属材料总论入 TG14；硅酸盐材料工业入 TQ17。

TU51　金属材料

参见 TG14。

TU52　非金属材料

总论无机材料的刊物入此。砼（混凝土）及砼制品、砖、瓦、砌块等亦入此。

TU53　有机材料、建筑化工材料

TU54　耐高温材料（耐火材料）、防火材料

TU55　隔热材料、隔（吸）声材料

TU56　建筑涂料、装饰材料

TU57　防水、防潮材料，嵌缝、密封材料

防水涂料入 TU56。

TU6　建筑施工机械和设备

总论入此。

TU7　建筑施工

总论建筑施工与施工机械及设备的刊物入此。总论建筑施工管理与技术的刊物入此。

总论建筑设计与施工的刊物入 TU2。

TU8　房屋建筑设备

总论设计、施工、安装，管道设备、卫生设备、照明设备等入此。

TU83　空调、采暖、通风及其设备

［TU84］　煤气设备

宜入 TU996。

TU85　机电设备

建筑电气设计、建筑电工、电梯入此。

TU89　安全设备

防空、防火、防水、防震、避雷等设备入此。

TU9　地下建筑

TU97　高层建筑

TU98　区域规划、城乡规划

总论国土规划、整治、利用与管理的刊物入此。包括区域景观规划、绿化规划等。

城乡绿化建设入 S73。

TU984　城市规划

总论城市景观、城乡规划和城市建设的刊物入此。

城市学入 C912。

TU986　园林规划与建设

总论园林景观的刊物入此。造园学入此。

TU99　市政工程

TU991　给水工程（上水道工程）

总论给、排水工程的刊物入此。

TU992　排水工程（沟渠工程、下水道工程）

TU993　公共卫生工程

总论公共卫生和公共卫

生设备的刊物入 R12。

TU994 供电和通信

供电技术入 TM7；通信
技术入 TN91。

TU995 集中供热

TU996 燃气供应

燃气工程入此。

参见 TQ54。

[TU997] 道路、桥梁工程

宜入 U4 有关类目。

TU998 消防等其他城市公用
设施与设备

消防组织与管理入 D 有
关类目。

TV 水利工程

[TV-9] 水利经济

宜入 F416.9。

TV1 水利工程基础科学

水力学入此。

TV2 水资源调查与水利规划

水工勘测，水工设计，总论
水利工程设计、施工的刊物入
此。

TV3 水工结构、水工材料

TV5 水利工程施工

施工机械入此。

TV6 水利枢纽、水工建筑物

港口水工建筑物入 U65。

TV7 水能利用、水电站工程

[TV73] 水力发电、水电站

宜入 TM6。

TV8 治河工程与防洪工程

航道工程入 U61。

[TV91] 运渠（运河、渠道）工程

宜入 U61。

[TV92] 港湾工程

宜入 U65。

[TV93] 农田水利工程

宜入 S27。

U 交通运输

包括交通运输科学和运输工
程。

[U-9] 交通运输经济

宜入 F5。

U1 综合运输

总论特种货物运输、集装箱
运输、索道运输、管道运输、管
道工程等入此。

U12 城市交通运输

总论城市轨道交通运输、
城市新交通系统等入此。

U2 铁路运输

总论铁路工程与铁路运输
的刊物入此。

[U2-9] 铁路运输经济

宜入 F53。

U21 铁路线路工程

总论铁路路线与信号等
的刊物入此。

U22 电气化铁路

U23 特种铁路

地下铁路、高速铁路等入
此。

[U24]　　　铁路桥涵工程

　　　　　　宜入 U44。

[U25]　　　铁路隧道工程

　　　　　　宜入 U45。

U26　　　　机车工程

　　　　　　总论机车与车辆工程入
　　　　　　此；机车工程学、内燃机车、
　　　　　　电力机车等入此。

U27　　　　车辆工程

U28　　　　铁路通信、信号

U29　　　　铁路运输技术管理

U4　　　　公路运输

　　　　　　总论公路工程与公路运输
　　　　　　入此；总论公路科学亦入此。

[U4-9]　　公路运输经济

　　　　　　宜入 F54。

U41　　　　道路工程

　　　　　　总论各种道路及桥涵、隧
　　　　　　道等工程的刊物入此。

U44　　　　桥涵工程

U45　　　　隧道工程

U46　　　　汽车工程

　　　　　　总论汽车、拖拉机、摩托
　　　　　　车等的理论、设计、结构、材
　　　　　　料、制造、使用等的刊物入
　　　　　　此。汽车工程学刊物亦入
　　　　　　此。

U463　　　　汽车结构部件

　　　　　　汽车底盘、传动系统、
　　　　　　行走系统、转向系统、制
　　　　　　动系统、电气设备、仪
　　　　　　表、驾驶室、车身、汽车

附属装置、汽车音响设
备、汽车导航、雷达系
统、计算机控制系统等
入此。

U464　　　　汽车发动机

U469　　　　各种汽车

U47　　　　汽车驾驶、保养与修理

　　　　　　汽车用燃料、润滑科
　　　　　　学入此。

U48　　　　其他道路运输工具

　　　　　　摩托车、自行车、电车等
　　　　　　入此。

U49　　　　交通工程与公路运输
　　　　　　技术管理

　　　　　　交通调查规划、交通系
　　　　　　统、交通事故等交通管理及
　　　　　　工程入此。

U6　　　　水路运输

　　　　　　总论航道工程与水路运输
　　　　　　的刊物入此；水路运输科学入
　　　　　　此。

[U6-9]　　水路运输经济

　　　　　　宜入 F55。

U61　　　　航道工程

　　　　　　总论航道工程、通航建筑
　　　　　　物、助航设备、运渠（运河、
　　　　　　渠道）工程等的刊物入此。

U64　　　　通航建筑物与助航设备

U65　　　　港口工程

　　　　　　港湾工程、海港工程学等
　　　　　　入此。

U66　　　　船舶工程

总论入此;各种舰船、造船学、船舶科学等入此。

[U66-9] 船舶工业经济

宜入 F416.4。

U664 船舶机械

船舶动力装置入此。

U665 船舶电气设备、观通设备

U666 导航设备、水声设备

U668 造船材料

总论入此。

U671 船舶建造工艺

船舶制造检验等入此。

U673 造船厂、修船厂

船舶保养、修理、拆船作业等入此。

U674 各种船舶

包括各种用途船,如渔船、军用舰艇、游艇、赛艇等入此。

U675 船舶驾驶、航海学

航海技术管理与救助打捞等入此。

U69 水路运输技术管理

港口作业、世界航运业等入此。

V 航空、航天

V1 研究与探索

总论空间科学、飞碟研究的刊物入此。

V2 航空

[V2-9] 航空运输经济

宜入 F56。

V21 基础理论及试验

航空器空气动力学、飞行力学、飞行试验等入此。

V22 飞机构造与设计

总论飞机及其他航空器设计、结构、制造等的刊物入此。

[V22-9] 航空工业经济

宜入 F416.5。

V23 航空发动机

V24 航空仪表与设备

控制系统、导航系统入此。

V25 航空用材料

总论航空航天用材料入此。

V26 飞机制造工艺

V27 各类型航空器

飞机、气球、气艇(飞艇)、滑翔机等入此。

V31 航空用燃料及润滑剂

参见 V51。

V32 航空飞行术

总论导航术、飞行安全等的刊物入此。

V35 航空港(站)、机场及其技术管理

V37 航空系统工程

V4 航天(宇宙航行)

[V4-9] 航天工业经济

宜入 F416.5。

V41　　基础理论及试验

V42　　火箭、航天器构造与设计

V43　　推进系统（发动机、推进器）

V44　　航天仪表与设备

　　　　　控制系统、制导系统入此。

［V45］　航天用材料

　　　　　宜入 V25。

V46　　火箭与航天器制造工艺

　　　　　航天器及其运载工具、人造卫星、运载火箭、航天飞机、航天站、空间探测器等入此。

　　　　　构造与设计入 V42；使用入有关各类，例：气象卫星的使用入 P4。

V51　　航天用燃料（推进剂）及润滑剂

　　　　　总论推进剂的刊物入此。

　　　　　参见 V31。

V52　　航天术

　　　　　航天器发射、控制、返回地球，航天器对接等入此。

V55　　航天基地与地面设施

　　　　　试验场、发射场等入此。

V57　　航天系统工程

［V7］　航空、航天医学

　　　　　宜入 R85。

X　　环境科学、安全科学

X1　　环境科学总论

　　　　　环境化学、环境地学、环境气象学、环境生物学、环境经济学等基础理论入此。

X2　　社会与环境

　　　　　人类、资源、能源与环境的关系，环境系统，环境自净与容量等入此。

X3　　环境保护管理

　　　　　各种环境规划、环保产业规划、清洁生产政策以及环境管理等入此。

X37　　自然资源合理开发与环境保护

　　　　　总论入此。

　　　　　专论入有关各类。例：水利资源入 TV2；动力资源入 TK01；矿产资源入 TD8；海洋资源入 P74。

X4　　灾害及其防治

　　　　　灾害学、灾害地理学、总论自然灾害或人为灾害及其防治等入此。

　　　　　参见 S4。

X5　　环境污染及其防治

　　　　　大气、水体、土壤、岩石地层、海洋、食物等受污染及其防治以及热、放射性物质、农用化学物质、有毒化学物质对环境的污染及其防治入此。

　　　　　从行业角度论述污染与防治的刊物入 X7 有关各类。

　　　　　参见 R12。

X7　　行业污染、废物处理与综合利用

各行业包括总论工业环境治理和废物处理与利用的刊物入此。

X74 石油、天然气工业污染以及废物处理与综合利用

X75 矿业、冶金工业污染以及废物处理与综合利用

X8 环境质量评价与环境监测

区域、行业环境,大气、水质、土壤等各种环境质量评价等入此。

X9 安全科学

总论劳动安全科学技术、劳动(职业)安全卫生、劳动保护的刊物入此。

X91 安全科学基础理论

X92 安全管理(劳动保护管理)

安全监察、安全教育学、事故调查与分析等入此。

X93 安全工程

总论工业安全、防火、防爆等的刊物入此。

X96 劳动卫生工程

总论入此。

Z 综合性连续出版物

刊载哲学、社会科学、自然科学综合性知识的刊物入此。

Z0 综合性学术刊物

学报入 Z3。

Z1 信息(情报)刊物

新闻、动态、预测、展望等刊物入此。

Z3 学报

如有必要,可依世界地区表分,中国再依中国地区表分。

专门学科的学报入有关各类,如愿集中于此者,可采用冒号组配编号法。例:《空间科学学报》编号为 V1-03 或 Z3:V1。

Z31 大学学报

见 Z3 注。

Z4 知识普及性刊物

Z41 少年儿童刊物

Z42 青年刊物

青少年刊物入此,例:《青年文摘》。

Z43 中老年刊物

Z44 女性刊物

Z45 男性刊物

Z48 娱乐性刊物

Z6 画报

Z71 中国少数民族语文刊物

见 Z3 注。

例:《蒙医药》(蒙文)编号为 R29-68 或 Z71:R29。

Z73 盲文刊物

见 Z3 注。

Z8 文献目录、检索类刊物

Z82 图书馆藏书目录

Z85　　　　出版发行目录

Z87　　　　期刊目录、期刊索引

　　　　　期刊发行目录入 Z85。

Z89　　　　题录、文摘、索引

　　　　　以提供文献内容梗概和
检索手段为宗旨的题录、文
摘等刊物入此,可采用冒号
组配编号法,例:《国外林业
文摘》编号为 Z89：S7。如

愿入有关各类,可用形式复
分号-7 总论复分表,例:《中
文科技资料目录:船舶工
程》编号为 U66-7。单纯以
提供文献内容梗概为目的
的文摘刊物不入此类,依学
科内容入有关学科。例:
《读者文摘》入 Z4。

一、形式复分表

1. 主表中任何一级类目均可使用本表复分,复分时将本表有关号码直接加在主表类号之后。
2. 各用户单位可酌情自行规定应用到主表某一级类目,或有选择地只在主表某部分类目中采用,或有选择地只采用本表中部分区分内容。
3. 主表中的个别类目,凡已具有或隐含有本表某些区分内容,或已将本表部分区分内容编制成专类者,无论号码是否一致,均不能再使用本表复分。
4. 当一种刊物涉及到本表中两种以上区分标准时,只能择其主要的一种据以复分。

-0 学术理论性刊物

-03 学报

以刊载学术研究论文为主要内容的学报、学刊、论丛、论坛、通报、通讯,以及译丛等以此号复分。

-031 大学学报

大学、学院、研究生院、高等专科学校编辑出版的学报以此号复分。

-09 历史

学史、思想史、事业史、科学技术发展史等以此号复分。

-1 信息(情报)刊物

以刊载动态、消息、进展、预测、述评、快报、信息(情报)研究报告等为主要宗旨和内容的刊物以此号复分。例:《国外医学情报》入 R-1。

-18 专利、专利工作

-2 机构、团体、部门、会议工作性刊物

国际组织、政府机关、党派团体、学术机构、厂矿企业以及某些会议编辑出版的有关工作或活动概况、动态、简报、消息、通讯等的刊物以此号复分。凡这些机构组织、团体编辑出版的以刊载学术研究论文为主的学报应以"形式复分表-03"复分。例:《中华人民共和国最高人民法院公报》入D926-2;《国家图书馆学刊》入G25-03。

-3 **科学研究工作及管理**

科学研究、科学实验与设备、测试技术与设施、技术条件、科学技术鉴定、质量管理与评估等以此号复分。

-39 **信息化建设、新技术的应用**

电子技术、计算机技术、网络通信技术的应用,网站建设等入此。

-4 **教育与普及**

-49 知识普及性刊物

-63 **产品目录、样本**

-65 **技术标准、标准化工作**

-66 **画报**

-68 **中国少数民族语文刊物**

-69 **盲文刊物**

[-7] **文献目录、检索类刊物**

馆藏文献目录、出版发行目录、期刊索引,以及专门学科的题录、文摘、索引刊物宜入Z8有关各类。

如愿入有关各类,可用此号复分。例:《环境科学文摘》入X1-7。

-79 **非纸质刊物、视听刊物**

-791 **缩微制品**

缩微胶卷、缩微平片等入此。

-792 **录音制品**

唱片、录音带等非计算机可读刊物入此。

-793 **感光制品、录像制品**

电影片、幻灯片、录像带等非计算机可读刊物入此。

-794 **机读资料**

计算机可读刊物、光盘刊物、多媒体刊物等入此。

-795 **网络资源**

网站、网页、网络数据库等入此。

二、世界地区表

1. 本表主要是根据自然区划编列的，以便于处理世界各个地区和国家的刊物。
2. 凡主表中已注明"依世界地区表分"的，均用本表复分。
3. 在本表所列的世界各个地区下（如亚洲、东南亚），如采用其他标准细分时，则必须在地区号码后加"0"，以便与该地区所属的国家区别开来。

1	**世界**	171	平原
11	**东半球**	172	草原
12	**西半球**	173	沙漠
128	**南半球**	174	黄土地、高原、台地
129	**北半球**	175	盆地
16	**自然地带**	176	山脉、丘陵
161	热带、赤道带		山地入此。
	热带雨林入此。	177	河流
162	亚热带	178	湖泊、沼泽
163	温带		湿地入此。
164	亚寒带	179.1	岛屿、半岛
165	寒带	179.2	大陆架
166	极地	**18**	**海洋**
166.1	南极（南极洲）		环海洋地区入此。
166.2	北极	181	太平洋（总论）
17	**陆地**		环太平洋地区入此。

北太平洋入世界地区
表182;南太平洋入世界
地区表183。

182	北太平洋
182.1	白令海
182.2	鄂霍次克海
182.3	日本海
182.4	渤海

环渤海地区入此。

182.5	黄海
182.6	东海
182.69	台湾海峡
182.7	南海
182.79	北部湾
182.8	加利福尼亚湾
182.9	阿拉斯加湾
183	南太平洋
183.1	苏禄海
183.2	苏拉威西海(西里伯斯海)
183.3	爪哇海
183.4	班达海
183.5	阿拉弗拉海
183.6	珊瑚海
183.7	塔斯曼海
183.8	菲吉海
184	印度洋
184.1	孟加拉湾
184.2	安达曼海
184.3	阿拉伯海
184.4	阿曼湾
184.5	波斯湾
184.6	亚丁湾
184.7	红海
185	大西洋
185.1	北大西洋
185.2	北海
185.3	波罗的海
185.4	挪威海
185.5	哈得孙湾
185.6	西大西洋
185.7	墨西哥湾
185.8	加勒比海
185.9	南大西洋

几内亚湾入此。

186	地中海

环地中海地区入此。

186.1	利古里亚海
186.2	第勒尼安海
186.3	爱奥尼亚海
186.4	亚德里亚海
186.5	爱琴海
186.6	累旺特海
186.7	黑海
187	北冰洋
187.1	格陵兰海
187.2	巴伦支海
187.3	白海
187.4	喀拉海

187.5　　　巴芬湾

188　　　南大洋

188.1　　　威德尔海

188.2　　　罗斯海

19　　**按语种、人种、宗教、集**
　　　　　团区分的地区

191.1　　　英语语言地区

191.2　　　法语语言地区

191.3　　　德语语言地区

191.4　　　西班牙语地区

191.5　　　葡萄牙语地区

191.6　　　俄语语言地区
　　　　　　　斯拉夫语地区入此。

191.7　　　日语语言地区

191.8　　　阿拉伯语语言地区

191.9　　　汉语语言地区

193.1　　　蒙古利亚人种居住区

193.2　　　尼格罗人种居住区

193.3　　　欧罗巴人种居住区

194.1　　　基督教占主导地区

194.2　　　伊斯兰教（回教）占
　　　　　　主导地区

194.3　　　佛教占主导地区

194.4　　　印度教占主导地区

194.5　　　犹太教占主导地区

195.1　　　发达国家或地区

195.2　　　发展中国家或地区
　　　　　　　第三世界入此。

195.5　　　东方国家

195.6　　　西方国家

196.1　　　北大西洋公约组织
　　　　　　（北约）国家

196.2　　　欧洲联盟（欧盟）国
　　　　　　家

196.3　　　华沙条约（华约）国
　　　　　　家

196.4　　　不结盟集团国家

196.5　　　阿拉伯联盟（阿盟）
　　　　　　国家

196.6　　　东南亚联盟（东盟）
　　　　　　国家

196.7　　　亚太经济合作组织
　　　　　　国家

196.8　　　上海合作组织国家

196.9　　　其他合作组织国家

198　　**古代地区**
　　　　　　　指与现代地区疆域差异
　　　　　　较大的古代地区。

————————————

198.1/.8　古代地区
　　　　　　　用于需用"-09"细
　　　　　　分,再用世界地区表
　　　　　　进一步区分的类,例:
　　　　　　古罗马农艺史号码为
　　　　　　S3-091.985。

198.1　　　古代东方
　　　　　　　总论入此。

198.2　　　巴比伦王国

198.3　　　波斯帝国

198.4	古代希腊	342	印度尼西亚
198.5	古代罗马	344	文莱
198.7	拜占庭帝国	346	东帝汶
198.8	阿拉伯帝国	**35**	**南亚**

2　中国

如有必要,可再依中国地区表分。

3　亚洲

31　东亚

远东入此。

311	蒙古
312	朝鲜

朝鲜半岛入此。

312.5　朝鲜民主主义人民共和国

312.6　韩国

313　日本

33　东南亚

"中南半岛"(印度支那半岛)、"南洋群岛"入此。

333　越南
334　老挝
335　柬埔寨
336　泰国
337　缅甸
338　马来西亚
339　新加坡
341　菲律宾

35　南亚

印度半岛入此。

351　印度
353　巴基斯坦
354　孟加拉国
355　尼泊尔
356　锡金
357　不丹
358　斯里兰卡
359　马尔代夫

36　中亚及外高加索地区

361　哈萨克斯坦

1991年由前苏联独立出来的国家。

362　乌兹别克斯坦

1991年由前苏联独立出来的国家。

363　土库曼斯坦

1991年由前苏联独立出来的国家。

364　吉尔吉斯斯坦

1991年由前苏联独立出来的国家。

365　塔吉克斯坦

1991年由前苏联独立出来的国家。

367　格鲁吉亚

1991年由前苏联独立

422	索马里	452	几内亚比绍
423	吉布提	453	佛得角
424	肯尼亚	**46**	**中非**
425	坦桑尼亚	461	乍得
426	乌干达	462	中非共和国
427	卢旺达	463	刚果民主共和国(扎伊尔)
428	布隆迪		刚果(金)入此。
429	塞舌尔	464	刚果共和国
43	**西非**		刚果(布)入此。
	赤道非洲入此。	465	加蓬
431	毛里塔尼亚	466	卡奔达
432	西撒哈拉	**47**	**南非**
433	加那利群岛	471	莫桑比克
434	塞内加尔	472	马拉维
435	冈比亚	473	赞比亚
436	尼日尔	474	安哥拉
437	尼日利亚	475	津巴布韦
438	喀麦隆	476	博茨瓦纳
439	赤道几内亚	477	纳米比亚
441	圣多美和普林西比	478	南非共和国
442	布基纳法索	479	斯威士兰
443	贝宁	481	莱索托
444	多哥	482	马达加斯加
445	加纳	483	科摩罗
446	科特迪瓦	484	毛里求斯
447	利比里亚	485	留尼汪岛
448	马里	486	圣赫勒拿和阿森松岛(英属)
449	塞拉利昂		
451	几内亚		

5　　欧洲

51　　东欧、中欧

[511.2]　俄罗斯

　　　宜入世界地区表512。

511.3　乌克兰

　　　1991年由前苏联独立
　　　出来的国家。

511.4　白俄罗斯

　　　1991年由前苏联独立
　　　出来的国家。

511.5　摩尔多瓦(摩尔达维
　　　亚)

　　　1991年由前苏联独立
　　　出来的国家。

511.6　爱沙尼亚

　　　1991年由前苏联独立
　　　出来的国家。

511.7　拉脱维亚

　　　1991年由前苏联独立
　　　出来的国家。

511.8　立陶宛

　　　1991年由前苏联独立
　　　出来的国家。

512　　俄罗斯及苏联

　　　苏联存在时间为1917～
　　　1991年,1991年独立为
　　　俄罗斯、乌克兰等15个
　　　国家。

　　　独联体入此。

513　　波兰

514　　捷克斯洛伐克(1918～
　　　1992)

　　　存在时间为1918～
　　　1992年,1992年解体为捷
　　　克与斯洛伐克两个国家。

515　　匈牙利

516　　德　国(　　～1945;
　　　1990～)

　　　1945年解体为德意
　　　志民主共和国与德意
　　　志联邦共和国,1990
　　　年合并为一个国家。

517　　德意志民主共和国
　　　(1949～1990)

　　　存在时间为1945～
　　　1990年,1990年与德意
　　　志联邦共和国合并为德
　　　国。

518　　德意志联邦共和国
　　　(1949～1990)

　　　存在时间为1945～
　　　1990年,1990年与德意
　　　志民主共和国合并为德
　　　国。

519　　卢森堡

521　　奥地利

522　　瑞士

523　　列支敦士登

524　　捷克

　　　1992年由捷克斯洛伐
　　　克独立出来的国家。

525　　斯洛伐克

　　　1992年由捷克斯洛伐
　　　克独立出来的国家。

53	**北欧**		[555.1]	南斯拉夫联邦(塞-	

斯堪的纳维亚半岛入此。

531	芬兰
532	瑞典
533	挪威
534	丹麦
535	冰岛
537	法罗群岛(丹属)

54　南欧(东南欧、西南欧)

巴尔干半岛、伊比利亚半岛入此。

541	阿尔巴尼亚
542	罗马尼亚
543	南斯拉夫

"前南地区"入此。

1992 年解体为南斯拉夫联邦(塞-黑联邦)、克罗地亚等国家。

544	保加利亚
545	希腊

总论古代希腊入世界地区表 198.4。

546	意大利
547	梵蒂冈
548	圣马力诺
549	马耳他
551	西班牙
552	葡萄牙
553	安道尔
554	直布罗陀

[555.1]　南斯拉夫联邦(塞-黑联邦)

宜入世界地区表 543。

555.2	黑山共和国

2006 年由塞-黑联邦独立出来的国家。

555.3	克罗地亚

1992 年由前南斯拉夫独立出来的国家。

555.4	斯洛文尼亚

1992 年由前南斯拉夫独立出来的国家。

555.5	波斯尼亚-黑塞哥维那

1992 年由前南斯拉夫独立出来的国家。

555.6	马其顿

1992 年由前南斯拉夫独立出来的国家。

56　西欧

561	英国

总论英联邦国家入此。

562	爱尔兰
563	荷兰
564	比利时
565	法国
566	摩纳哥

6　大洋洲及太平洋岛屿

61　澳、新、巴地区

611	澳大利亚

612　　新西兰
613　　巴布亚新几内亚
63　　**波利尼西亚**
　　　　　夏威夷群岛入世界地区表712。
631　　中途岛
632　　威克岛
633　　莱恩群岛
636　　托克劳群岛（尤宁群岛）
637　　东萨摩亚
638　　萨摩亚
　　　　　1997年西萨摩亚更名为萨摩亚。
639　　汤加
641　　库克群岛
642　　纽埃岛
643　　皮特克恩岛（英属）
　　　　　亦称皮特凯恩岛。
644　　法属波利尼西亚
　　　　　包括社会群岛，土布艾群岛、土阿莫土群岛、马克萨斯群岛、甘比尔群岛。
646　　图瓦卢
　　　　　埃利斯群岛入此。
648　　瓦利斯和富图纳（法属）
65　　**密克罗尼西亚**
651　　北马里亚纳群岛联邦（美属）

652　　帕劳
　　　　　1980年贝劳共和国更名为帕劳。
653　　马绍尔群岛
654　　关岛
655　　瑙鲁
656　　基里巴斯
　　　　　菲尼克斯群岛入此。
657　　密克罗尼西亚联邦
66　　**美拉尼西亚**
661　　斐济
662　　所罗门群岛
663　　瓦努阿图
664　　新喀里多尼亚岛
7　　**美洲**
71　　**北美洲**
711　　加拿大
712　　美国
　　　　　夏威夷群岛入此。
713　　格陵兰
714　　百慕大
715　　圣皮埃尔和密克隆群岛
73　　**中美洲**
　　　　　总论拉丁美洲入此。
731　　墨西哥
741　　危地马拉
742　　洪都拉斯
743　　伯利兹

744	萨尔瓦多			丁斯
745	尼加拉瓜	769.4	安提瓜和巴布达
746	哥斯达黎加	769.5	圣基茨和尼维斯联邦
747	巴拿马	769.6	特克斯和凯科斯群岛(英属)

744 萨尔瓦多

745 尼加拉瓜

746 哥斯达黎加

747 巴拿马

    巴拿马运河区入此。

75 **西印度群岛**

    加勒比海群岛等入此。

751 古巴

752 海地

753 多米尼加

    多米尼加共和国入此。

754 牙买加

755 波多黎各

756 开曼群岛(英属)

757 维尔京群岛(美属)

758 维尔京群岛(英属)

759 瓜德罗普岛

761 马提尼克岛

762 巴巴多斯

763 向风群岛

764 背风群岛

765 安的列斯(荷属)

766 圣卢西亚

767 特立尼达和多巴哥

768 巴哈马

769.1 格林纳达

769.2 多米尼克

    多米尼加联邦(英属)入此。

769.3 圣文森特和格林纳

丁斯

769.4 安提瓜和巴布达

769.5 圣基茨和尼维斯联邦

769.6 特克斯和凯科斯群岛(英属)

769.7 安圭拉(英属)

769.8 蒙特塞拉特(英属)

769.9 阿鲁巴(荷属)

77 **南美洲**

771 圭亚那共和国

772 苏里南

    荷属圭亚那入此。

773 圭亚那(法属)

774 委内瑞拉

775 哥伦比亚

776 厄瓜多尔

777 巴西

778 秘鲁

779 玻利维亚

781 巴拉圭

782 乌拉圭

783 阿根廷

784 智利

785 马尔维纳斯群岛(福克兰群岛)

8 **外太空**

    地球外的世界入此。

三、中国地区表

1. 凡主表中已注明"依中国地区表分"的,均用本表复分,即将本表的号码加于主表分类号码之后即可。
2. 表内类名带有[ ]符号的地区,是为处理旧图书资料而编列的。
3. 在本表所列的中国各地区如再采用其他标准细分时,则必须在地区号码后加"0",以便与本地区所属的省、直辖市区别开来。

1	北京市
2	**华北地区**
	黄河流域、华北平原所属地区入此。
	北京市入中国地区表1。
21	天津市
22	河北省
23	[热河省](1928~1955)
24	[察哈尔省](1928~1952)
25	山西省
26	内蒙古自治区
	内蒙古高原所属地区入此。
27	[绥远省](1928~1954)
28	[外蒙古](~1920)

3	东北地区
	辽河流域、东北平原所属地区入此。
31	辽宁省
32	[辽东省](1949~1954)
33	[辽西省](1949~1954)
34	吉林省
35	黑龙江省
36	[松江省](1949~1954)
4	**西北地区**
	黄河中、上游,黄土高原所属地区入此。
41	陕西省
42	甘肃省
43	宁夏回族自治区
44	青海省

45	新疆维吾尔自治区	63	湖北省
		64	湖南省
5	**华东地区**	65	广东省

5   **华东地区**

        长江流域,长江三角洲(长三角)地区,长江中、下游平原所属地区入此。

51	上海市
52	山东省
53	江苏省
54	安徽省
55	浙江省
56	江西省
57	福建省
58	台湾省

        澎湖列岛、钓鱼岛等地区入此。

6   **中南地区**

        珠江流域、东南丘陵所属地区入此。

61	河南省
62	[平原省](1949～1952)

65   广东省

        珠江三角洲(珠三角)地区、粤港澳地区入此。

658	香港
659	澳门
66	海南省

        南海诸岛(西沙群岛、中沙群岛、南沙群岛等)入此。

67   广西壮族自治区

7   **西南地区**

        青藏高原、云贵高原所属地区入此。

71   四川省

        四川盆地地区入此。

719	重庆市
72	[西康省](1928～1955)
73	贵州省
74	云南省
75	西藏自治区